기독교의 변질

김명호 지음

기독교는 성경의 순수한 사상과 상관없는 종교로 변질되었다

삼영출판사

기독교의 변질

인 쇄 / 2014. 5. 28
발 행 / 2014. 5. 30

저 자 / 김 명 호
발행인 / 최 상 섭

발행처 / 삼영출판사
주 소 / 서울시 동대문구 전농로 227
전 화 / (02) 2249-3641, 2248-7073
팩 스 / 2249-7337
등록번호 / 1989. 8. 11 제 5-195호
본문편집 : 박점자
표지디자인 : 송승현
교정·교열 : 김성현

ISBN 978-89-86630-65-7 (03230)

값 : 12,000원

기독교의 변질

CONTENTS

글머리에 _ 6

Part 1   기독교의 시작 _ 8
　　　　1. 사람들의 종교성 8
　　　　2. 성경 종교의 시작 16
　　　　3. 모든 사람이 죽었다는 주장 20

Part 2   기독교의 경전 _ 33
　　　　1. 성경이라는 책 33
　　　　2. 계시의 기록 37

Part 3   예수라는 사람 _ 41
　　　　1. 예수님의 주장 41
　　　　2. 예수님의 주장의 근거 44
　　　　3. 출생의 신비 49
　　　　4. 예수님에 대한 구약의 예언들 55

CONTENTS

Part 4　교회가 성립됨 _ 58
1. 부활의 증거 58
2. 고고학적 부활 61

Part 5　핍박과 정복 _ 67
1. 유대인의 핍박 67
2. 제국 로마의 핍박 70
3. 교권 로마의 핍박 75

Part 6　성경과 문화 _ 82
1. 문화 82
2. 성경 환경 84
3. 성경의 전수 90

Part 7　배도와 변질 _ 93
1. 배도의 전조 93
2. 핍박과 타협 99
3. 헬라 철학의 영향 106

Part 8　배도에 대한 예언 _ 112
1. 다니엘의 예언 112
2. 계시록의 예언 120
3. 예수님과 사도들의 경고 126

Part 9   미완성 개혁 _ 135
           1. 개혁이 일어날 것을 예언하심 135
           2. 성경이 가르치는 구원의 실상 139

Part 10   인쇄술과 성경 _ 149
           1. 책이 없던 시대 149
           2. 인쇄술의 발명 153
           3. 민중들의 자각 159
           4. 성서공회(聖書公會) 시대 164

Part 11   진리의 회복 _ 168
           1. 진리회복이 예언됨 168
           2. 회복된 진리 171
           3. 성경 종교의 두 기초 178

글머리에

 예수 그리스도는 교회를 설립하셨다. 친히 말씀하시기를 "또 내가 네게 이르노니 너는 베드로라 내가 이 반석 위에 내 교회를 세우리니 음부의 권세가 이기지 못하리라"(마 16:18)고 하셨다. 그가 세운 교회는 하나님의 말씀인 성경을 유일한 경전으로 가지고 있다. 예수그리스도의 교회의 모든 신조와 교리는 오직 성경을 근거로 해야 한다. 바울은 이 사실을 "기록된 말씀 밖으로 넘어가지 말라"(고전 4:6)고 가르쳐 주었다.
 그런데 역사가 진행되면서 교회라는 이름으로 이 세상에 존재하는 기독교는 유일한 경전인 성경에서 나오지 않은 신조와 교리를 만들게 되었다. 어떤 것은 성경에 기록된 전체적인 사상을 통찰하지 못한데서 나온 오해로 생긴 것이고, 어떤 것은 전혀 오해할 수 없도록 명백하게 기록된 사실을 정치와 사회적 현실 때문에 왜곡시킨 것도 있다. 그런데 그 오해들 중에 가장 현저한 두 가지가 제7일 안식일 대신에 성경에 전혀 근거가 없는 일주일 중에 첫째 날인 일요일을 성일, 또는 주일이라고 하여 예배일로 정하고 성수(聖守)하라고 하는 교리이고, 다른 하나는 오해로 빚어진 것으로 보이는 영혼불멸설이며 이 사상에 기초한 영원지옥설이다. 이런 것은 다 성경과 전혀 상관없는 신조요 교리이다.

교회가 이런 사상을 받아들여 교리와 신조로 정하였기 때문에 기독교는 성경의 순수한 사상과 상관없는 종교로 변질되었다.

이 책은 이렇게 된 역사적 사실을 간단히 기술하고 후반에는 성경의 바른 진리를 간단히 소개하여 변질된 상태에서 성경의 종교의 본질로 돌아오도록 권하는 마음으로 기록하였다.

이러한 저자의 마음을 이해하며 읽으면 유익할 것이라고 생각한다.

이 책을 출판하도록 기획하고 추진하는 박종기 박사와 이 책을 출판한 최상섭 사장과 수고한 김성현 목사에게 감사하며, 무엇보다도 이 글을 쓸 수 있도록 인도하신 성삼위 여호와 하나님께 마음을 다해 감사드린다.

아무쪼록 이 책을 읽는 분들이 오늘날 기독교의 실상을 성경에 비추어 바르게 바라보며 성경을 올바르게 읽고 깨닫는데 도움이 되기를 바란다. 그래서 하나님과 출판에 관여한 모든 분들과 필자의 기쁨이 되기를 겸허한 마음으로 기도드리면서 글머리를 대신한다.

2014년 4월 22일 산하신토 산하 서재에서

제1장
기독교의 시작

1. 사람들의 종교성

　사도바울은 아테네 아레오바고에 서서 아테네 사람들에게 "아덴 사람들아 너희를 보니 범사에 종교성이 많도다"(행 17:22)라고 말하였다. 어찌 아테네 사람들뿐이겠는가. 이 세상에 사는 사람들은 다 종교성이 많다. 이 세상에는 종교가 참 많고 신들도 참 많다. "비록 하늘에나 땅에나 신이라 칭하는 자가 있어 많은 신과 많은 주가 있"다(고전 8:5). 그래서 종교가 많은 것이 아니겠는가. 그 중에 종교학자들이 말하고 일반적으로 인정하는 3대 종교가 있다.

기독교는 3대 종교의 하나이다. 그 교세나 분포를 두고 말한다면 3대 종교인 이슬람, 불교, 기독교 중에 가장 크다고 생각된다.

종교 학자들이 종교를 어떻게 정의하는지 개의치 않고 나는 종교를 "사람의 자기 보존을 위한 장치"라고 정의 한다. 그러므로 사람들이 자기 존재를 보존하려는 욕망이 있는 곳에는 반드시 종교가 있게 마련이다. 사람이 자기 보존을 하려고 하니까 사람 스스로의 힘으로는 자기 보존이 가능하지 않다는 것을 아주 쉽게 알아버렸기 때문에 인간을 보존해 줄 수 있는 절대자를 찾게 된 것이 아니겠는가.

그래서 인간 욕망의 총화를 형상화하여 신이라 이름하고 그에게 전능의 능력이 있다고 말하며 그렇게 만든 신에게 인간 존재의 운명을 건다. 이 얼마나 미련한 생각인가. 희랍 신화는 어디까지나 신화로 치부하지만 거기 전능의 신으로 군림하는 제우스는 바람둥이요 전혀 윤리 의식이 없고 도덕성이 없는 난봉꾼이다.

제우스는 그야말로 인간이 자신들의 욕망의 총화를 신이라는 이름으로 만들어놓은 우상의 걸작이다. 제우스뿐만이 아니다. 모든 신화에 등장하는 신들은 어느 면으로든지 인간 욕망의 화신들일 뿐이다.

인간은 이렇게 신을 만들고 그것을 의지하며 자기 보존을 노린다. 인간은 다 죽는다.

호흡하며 살아 있는 인간은 죽음 너머 세계를 체험할 수 없다. 그래서 죽음 후의 세상을 영혼불멸이라는 사상을 만들어 미화하고 스스로 만든 신들을 의지하여 사후 세계의 보장을 삼으려고 한다. 그것이 지옥이든지 천국이든지 상관없다. 다만 영원히 죽지 않고 살아 있으려는 욕망이 이루어지는 것으로 안위를 삼는 것이다. 악인은 지옥에서 영생한다. 고통을 당하지만 영생하는 것으로 위안을 삼으려는지도 모르겠다. 선인은 천국이나 극락에서 행복한 중에 영생한다. 겪는 형편은 다르지만 영생한다는 사실은 동일하다. 종교는 이렇게 사후 영혼의 영생으로 인간을 보존하는 장치가 되는 것이다.

인간의 죽음의 실상을 죽는 인간 스스로 올바르게 알 수 없다. 그러나 죽는다는 사실을 아무도 부인할 수 없다. 그래서 인간은 스스로 죽음을 어떻게 해석해야 할지 생각하고 영혼불멸의 사상을 창안하였다. 물론 이 사상은 순수하게 인간의 생각으로 만들어진 것은 아니다. 인간 외부의 어떤 세력이 이런 생각을 하도록 이끌었고 죽음의 공포를 면하고 싶은 인간은 그 생각을 달게 받아들인 것이다.

그렇다고 해도 죽음의 실상을 죽는 인간이 올바르게 알 수 없다. 죽음 자체가 무엇인지 모른다. 사람은 다만 죽는 현상만 알뿐이다. 호흡이 멈추고, 의식이 없으며, 스스로 움직이지 못하며, 호흡하고 의식 있는 사람들과 교제가 되지 않는 상태가 되는 것이다. 그리고 부패한다. 그래서 불가불 호흡 있는 사람들의 사회에서 사라질 수밖에 없는 조처를 취하는 것이다. 이를 장례식이라고 말한다.

사람들에게 왜 이런 일이 생겼을까?

정말 죽음은 필연적인 것인가?

아니면 어떤 사건으로 발생한 것인가?

기독교는 이런 인간이 풀지 못하는 문제에 대한 올바른 대답으로 주어진 종교이다. 인간은 아무도 스스로 존재할 수 없다. 인간은 누군가에 의하여 존재하게 된다. 가까이는 부모이다. 부모가 나를 낳아주지 않았으면 나는 존재하지 않는다.

성경은 인류의 모든 족속을 한 혈통으로 만들었다고 기록하였다. "인류의 모든 족속을 한 혈통으로 만드사 온 땅에 거하게 하시고 저희의 연대를 정하시며 거주의 경계를 한하셨으니 이는 사람으로 하나님을 혹 더듬어 찾아 발견케 하려 하심이로되 그는 우리 각 사람에게서 멀리 떠나 계시지 아니하도다"(행 17:26, 27). 성경은 인류의 조상이 하나라고 말한다. 그 하나에서 모든 족속이 나온 것이다.

그러므로 결과에서 더듬어 위로 올라가면 최초의 조상을 만난다고 말한다. 최초의 조상인 사람을 만났을 때 그 최초의 조상은 어떻게 존재하게 되었는지 물어볼 수 있다. 그가 최초의 조상이기 때문에 그 위에 사람 조상은 없다는 말이다. 그러면 그 위의 조상은 누구일까? 무엇일까? 이런 질문에 의하여 인간의 근원을 찾으려는 사색이 시작되는 것이다.

사람은 천연계의 신비한 현상들을 두려움으로 바라본다. 21세기가 문명 시대라도 번개가 요란하게 번쩍이고 천둥이 굉장한 소리로 울리면 두려워진다. 의식적으로 그것은 그냥 자연현상이니까 두려워 할 필요가 없다고 자기 설득을 하지만 감성으로는 두려워진다고 하는 것이 아마도 정직한 말일 것이다. 그래서 인간의 능력이 미치지 못하는 천연계 현상에 경외심을 가지게 되었을 것이다. 그런 것들 중에 태양이 압권일 수밖에 없지 않는가.

그래서 고대로부터 태양은 사람들의 숭배 대상 제 1호였을는지 모른다. 천연계 중에서 사람에게 가장 필요한 것을 공급하면서도 사람이 가장 가까이 할 수 없는 것이 바로 천체들이다. 이 땅에 사는 사람들에게 하늘에서 빛나는 천체들이 숭경의 대상이 된 것은 별로 놀랄 일이 아닐는지 모른다.

해, 달, 별들이 다 숭배의 대상이 되었고, 사람들 나름대로 숭배하는 천체들에게 신(神)의 명칭을 부여 하였다. 그것들을 의지하여 자기 존재 보존을 기대하는 것이다.

이렇게 된 원인은 사람이 자기의 근본과 신분을 알지 못하기 때문이다. 사람이 자기의 근원과 신분을 바르게 알았다면 결코 그런 것들을 신으로 삼지 않았을 것이고, 숭배하지 않았을 것이다.

기독교는 이런 현상을 우상숭배라고 정죄한다. 이 말은 기독교는 사람의 근본과 그 신분을 확실히 알고 있다는 의미가 된다.

예로부터 현대에 이르기까지 사람들은 자기의 근본이 무엇인지 알기를 원했던 것 같다. 사람은 어디서 왔는가? 부모에게서 태어나는 사실을 확실히 보고 알면서도 최초의 사람은 사람에게서 나왔다는 것을 인정하기를 원하지 않는 것이 사람들의 심리인 것 같아 보인다. 어쩌면 사람의 삶이 능력 있어 보이지 않았기 때문이었을까? 능력 있는 외부의 무엇인가로부터 왔을 것이라고 생각하기를 좋아한 모양이다. 그래서 씨족들은 자기들의 조상이 평범한 부모에게서 태어난 존재라고 설명하기를 거부하였다.

한국의 씨족 조상들의 탄생 설화를 보면 그런 사상이 분명하다.

교과서를 통해 한국 민족은 단일 민족이라고 하면서 단군의 자손이라고 가르쳤다. 그 단군은 사람에게서 태어난 사람이 아니다. 그는 환웅과 웅녀(곰) 사이에서 태어났다. 한국 민족의 조상이 단군이라고 말하는 것은 한국 민족은 모두 곰이라는 짐승의 피가 흐르는 존재들이라는 주장이 아니겠는가.

이런 신화를 만들어 오늘날까지 전승이 되고 있지만, 이 이야기를 사실이라고 믿는 사람이 몇이나 될는지 모를 일이다.

그런데 한국 사람이 이렇게 단군의 자손 단일 민족이라고 주장하는 것이 진실이 아니라는 것을 또다른 씨족 설화가 주장한다. 박혁거세가 경주 양산 밑에서 말의 울음을 듣고 거기 가 본 양산 촌장의 이야기가 사실이라면 그는 빛나는 박 같이 둥근 알에서 나왔으니 단군의 자손일 수 없다. 경주 김 씨도 닭이 울고 간 자리에 있는 황금 알에서 나왔으니 단군의 자손일 수가 없다. 김해 김 씨도 만찬가지이다.

모든 씨족들이 자기 조상이 평범한 사람 부모에게서 태어난 것이 아니라 사람들이 이해할 수 없는 신비로운 상태로 태어났다는 것을 주장하느라고 결국 사람을 사람 아닌 것에서 나왔다고 주장하는 이야기들을 만든 것이 아니겠는가.

한국 사람들의 이런 이야기를 나는 한국적 진화론이라고 부른다.

서양 학문이 된 진화론은 인간의 시조가 아메바라고 주장하는 것이 아닌가. 그보다는 한국 진화론이 좀 나은 것인가.

서양 진화론이나 한국의 씨족 설화들이나 사람이 사람에게서 시작하지 않았다는 점에서는 동일하고, 그 시작한 존재가 아주 보잘 것 없는 아메바거나 알이거나 동물이라는 것도 동일하다. 사람은 그만큼 가치 없는 존재요 결코 존귀하지 않은 존재라는 것이다. 아니 오히려 사람들이 그들의 조상이 특별하다는 것을 주장하기 위하여 그런 주장이나 이야기를 만들었다면 곰이나, 말이나, 닭이 사람보다 위대하다는 사고방식을 가진 것인지도 모를 일이다. 진화론도 마찬가지이다.

어쩌면 그들은 아메바에서 시작하여 이렇게 진화했으니 얼마나 장한 일이냐고 말할는지 모른다. 그러나 과연 그것이 장한 일일까? 사람은 사람이 아니라고 열심히 가르치는 학문이 진화론이 아닐까?

자기의 근본을 스스로 알지 못하고 알 수도 없는 인간들의 이런 상태에 대하여 기독교의 경전 성경은 오래 전에 날카롭게 지적하였다. "존귀에 처하나 깨닫지 못하는 사람은 멸망하는 짐승 같도다"(시 49:20). 얼마나 정확한 지적인가!

이 시편은 존귀에 처했는데 그 존귀함을 계속 유지하지 못한 사람이 죽을 수밖에 없는 존재가 된 것을 지적한다. 짐승들이 죽는 것과 동일한 상태에 이르는 이 세상의 사람들이 바로 멸망하는 짐승과 다를 것이 없다고 가르치는 표현이다.

그러나 영원하신 하나님, 스스로 계시는 창조주 여호와라 이름하신

분께서 모든 것을 미리 아시고 미리 보시는 능력에 의하여 인간들이 스스로 존귀에 처한 사실을 깨닫지 못할 때, 자신들을 죽을 수 밖에 없는 짐승이라고 주장하는데 이를 것을 미리 계시한 것이다.

그러면서 언젠가는 죽지 않는 영생의 경지에 이르도록 진화할 것이라고 상상하면서 애쓰는 인간들의 애처로운 모습을 묘사한 것이다.

존귀에 처하는 사람이 왜 죽게 되었을까? 결과적으로 왜 스스로 짐승이라고 주장하는 존재가 되었을까? 기독교는 이런 문제에 대한 대답을 분명하게 제시한다.

오늘날 이런 신화적이거나 진화론적인 사고를 인정하지 않는 종교들일지라도 인간을 죽을 수밖에 없는 존재라는 것을 부인하지 않는다. 이미 지적했듯이 대부분의 종교들은 사후 세계를 영혼의 세계로 생각한다. 그 영혼은 불멸이라고 가르친다. 사람이 죽는 것은 육체이고 육체에 머물러 사람이 사람답게 되게 하는 것은 영혼이라고 가르친다. 그 영혼은 영원불멸이라고 말한다.

사람이 육체는 죽어도 그 영혼은 육체를 떠나서 생전의 삶을 따라 지옥이나 천당, 혹은 극락에 간다고 가르친다. 악한 삶을 산 사람의 영혼은 지옥에 들어가 고통 중에 영생하고, 선한 삶을 산 사람들은 천당이나 극락에 들어가 행복한 중에 영생한다고 가르친다. 그들의 처지가 다르기는 하지만 영생한다는 사실은 동일하다. 사람은 아무리 고생스러워도 살아 있기를 원하는 것이 본능이 아닌가. 그렇다면 고생스러워도 죽어 없어지는 것보다는 지옥의 삶을 택하려고 하지 않을까.

이런 사상을 가지고 있는 종교나 혹은 도덕은 다 권선징악(勸善懲惡)을 기본으로 하고 있으며, 반드시 신상필벌(信賞必罰)을 시행해야 한다. 그것을 인과응보(因果應報)라고 한다. 그렇기 위하여서는 사후에 지옥과 천당, 혹은 극락이 있어야 하며, 아니면 환생이나 윤회에 대하여서도 선을 행한 사람은 좋은 상태로 환생 윤회하며, 악을 행한 사람은 나쁜 상태로 환생 윤회해야 하는 것이다.

도덕적 선악을 기본으로 가르치기 때문에 이런 장치가 없으면 신도들이 본성적으로 악으로 기울어지는 성질을 고치려고 하지 않을 것을 알기 때문에 이런 장치를 하는 것이 당연하지 않겠는가. 아무튼 이런 사상과 교리 신조로 모든 인생은 영원하다고 가르치는 것이다.

2. 성경 종교의 시작

그런데 성경을 경전으로 믿는 기독교도 참으로 이상하게 이런 사상과 흡사한 교리 신조를 가지고 있으며 그렇게 가르친다.

그러나 성경을 선입관 없이, 성경으로 성경을 연구하는 방법으로 연구하면 전혀 이런 사상이 아니라는 것을 어렵지 않게 발견하게 된다.

기독교는 그 시작점이 이런 일반 종교들과 전혀 다르다. 성경을 연구하는 사람들은 이 점을 분명히 깨닫고 연구해야 한다. 이 점을 놓치면 성경의 종교도 일반 도덕적 종교와 별반 다를 것이 없다.

기독교가 이 점을 분명히 이해하지 못한 상태로 2000년 세월을 이어오는 동안 결국 오늘에 와서는 소위 다원주의 신학이 들어온 것이다. 기독교 외에는 결코 구원이 없다고 오랜 세월 주장했는데, 이제는 기독교 이외의 종교에도 구원이 있을 수 있다고 말을 바꾼 것이다.

모든 사람은 살아 있는데, 예수를 믿고 선한 생활을 하면 천국에 가고, 예수를 믿지 않으면 지옥에 간다고 가르치는 교리는 권선징악을 가르치는 기타 도덕적 종교와 다를 것이 없다. 다만 '예수를 믿는다'는 조건이 다를 뿐이다. 이 조건만으로 기독교 외에는 구원이 없다. 예수를 믿지 않으면 구원받지 못하고 멸망한다고 외치니까 다른 종교들이 독선이라고 말할 수밖에 없다. 왜냐하면 그 교리와 신조가 다른 도덕적 종교들과 별로 다른 것이 없어 보이기 때문이다. 이런 형편에 처하여 더불어 살아야 하는 세상에서 굳이 예수를 믿는 길 외에 구원이 없다는 주장이 설득력이 없어진 것이다. 그래서 타협의 손을 내민 것이 바로 다원주의이다.

다른 종교들은 오래 전부터 다원주의 구원 사상을 가졌다고 생각된다. 그들 종교 외에 절대로 구원이 없다고 주장하지 않았다는 말이다. 그런데 기독교는 역사적으로 그렇게 주장하였다. 지금도 내면적으로는 그렇게 생각하는 기독교인들이나 기독교 학자들이 많이 있을 것이다. 그런데 사람은 살아 있는데, 예수를 믿지 않으면 지옥에 가서 영생하고 예수를 믿으면 천국에 가서 영생한다는 교리를 주장하는 한 그 당위성을 성경으로 분명하게 제시하는 것이 쉽지 않을 것이다.

사람들의 부도덕한 죄들을 용서하기 위하여 예수라는 구주가 꼭 대신 죽어야 한다는 주장부터 황당하게 여겨질 수 있는 주장이 아니겠는가. 사람이 스스로 그 부도덕한 죄들을 포기하고 과거에 부도덕하게 행한 모든 것들을 진심으로 뉘우치고 고치며 배상한다면 그 죄들 때문에 계속 벌을 받아야 한다는 것은 참으로 이치에 맞지 않는 것이다.

수신(修身)하고 수행(修行)하여 덕성을 함양하고 성품을 도야하여 선을 이루면 과거의 부도덕한 것을 지금 물어서 계속 형벌 아래 있도록 해야 하겠는가. 살았을 때 부자로 살면서 나사로와 같은 거지들이나 가난한 자들에게 동정하지 않고 자선하지 않았기 때문에 지옥 불에 들어가게 되고 물 한 방울 혀끝에 떨어뜨려 달라는 애절한 요청을 매정하게 거절하는 곳이 천국이라니, 얼마나 가혹한 모습인가. 그런 종교는 참으로 가혹한 종교가 아닌가. 기독교의 주장이 바로 이런 것이 되어버리지 않았는가. 그래서 소위 사랑의 종교라고 주장하지만 가장 가혹한 상벌의 종교로 각인 되지 않았겠는가.

그러면 성경의 주장이 그렇지 않은 것인가? 이런 도덕론에 기초한 종교들의 주장과 전혀 다른 것이 무엇인가?

성경은 이 세상에 살고 있는 사람들을 살아 있는 사람으로 보지 않는다. 모두 죽은 사람이라고 주장한다. 성경의 종교는 이 사실에서 출발한다. '사람들이 살아 있는 상태에서 죄를 지어서 죄인이 되었지만 살아 있는 죄인이고 그 죄 값으로 죽을 수밖에 없는 살아 있는 존재들이다. 그러므로 사람들 자신이 이 죄 값을 치를 때에는 죽게 될 것이기 때문에 구주 예수가 이 죄 값을 대신 치르기 위하여 십자가에서 죽어 주셨다. 대신 죽어준 그 공로를 믿을 때 사람이 자기 죄 값을 치르지 않아도 되며 그래서 사망을 면하게 된다.' 이렇게 가르치는 것이 아니다.

사람은 이미 죽은 자들이다. 이 죽음을 해결하기 위하여 예수께서 십자가에서 인류가 죽은 그것을 대신하여 죽으셨다고 가르친다. 그래서 예수 안에서 죽음이 죽었고 죽음 문제가 해결되었다고 가르친다. 이것이 무슨 뜻인지 깨달을 때 성경 종교의 진리를 바르게 깨닫게 된다.

무슨 근거로 멀쩡하게 살아 있는 사람들을 죽은 자라고 단언한다는 말인가. 그런 주장은 전혀 이치에 맞지 않는 억지 주장이다. 그런 주장은 도덕적으로 잘못한 것을 회개하지 않고 예수를 믿지 않기때문에 지옥에 가서 영원토록 고통 중에 살아간다는 주장보다 더 황당한 주장이 아닌가?

성경이 모든 사람을 죽은 자들이라고 단언하는 이유를 바르게 제시하지 못한다면 이런 주장은 정말 이치에 맞지 않을 것이다. 그러나 성경은 분명한 이유로 이 사실을 계시한다. 이제 다음 절에서 그 사실을 자세히 살펴보자. 이것이 성경 종교의 시작점이며 출발점이다. 이것을 깨닫지 못하면 성경의 종교는 정말 이치에 맞지 않는 것을 주장하는 종교가 될 수밖에 없다.

3. 모든 사람이 죽었다는 주장

이 사실을 알기 위하여서는 먼저 성경의 하나님 여호와에 대한 계시를 알 필요가 있다.

'여호와' 라는 칭호는 창세기 2장 4절부터 나타난다. 그러나 하나님의 이름을 묻는 사람에게 하나님께서 친히 대답하는 형식으로 나타난 것은 출애굽기 3장 13~15절이다.

"모세가 하나님께 고하되 내가 이스라엘 자손에게 가서 이르기를 너희 조상의 하나님이 나를 너희에게 보내셨다 하면 그들이 내게 묻기를 그의 이름이 무엇이냐 하리니 내가 무엇이라고 그들에게 말하리이까 하나님이 모세에게 이르시되 나는 스스로 있는 자니라 또 이르시되 너는 이스라엘 자손에게 이같이 이르기를 스스로 있는 자가 나를 너희에게 보내셨다 하라 하나님이 또 모세에게 이르시되 너는 이스라엘 자손에게 이같이 이르기를 나를 너희에게 보내신 이는 너희 조상의 하나님 곧 아브라함의 하나님, 이삭의 하나님, 야곱의 하나님 여호와라 하라 이는 나의 영원한 이름이요 대대로 기억할 나의 표호니라."

출애굽의 사명을 맡기려고 할 때 모세가 이름이 무엇이냐고 물은 것에 대답하시면서 이름을 여호와라고 하셨다. 그런데 이 하나님은 여호와라는 이름을 말하기 전에 그 이름의 뜻을 먼저 말씀하셨다.

"나는 스스로 있는 자"라고 한 것이 바로 그 뜻이다. 다음으로 "나는 여호와라 이는 나의 영원한 이름"이라고 하셨다.

왜 하나님은 이름을 묻는 모세에게 그 뜻부터 말씀하셨을까?

하나님은 모세에게 이스라엘 백성을 애굽에서 구출하여 내라는 사명을 맡기셨다. 모세는 그 일을 감당할 자격이 없다고 핑계하였다. 그러던 모세가 이제 하나님의 설득으로 애굽에 가려는 마음으로 그를 애굽으로 보내려는 하나님의 이름을 물은 것이다.

그때 하나님은 이름의 뜻부터 가르쳐주셨는데, 곧 스스로 있는 자라는 말이다.

이것은 스스로 계신 하나님 여호와는 능히 이스라엘을 애굽에서 구출할 능력이 있는 신이라는 사실을 가르쳐주는 것이었다. 하나님은 모세에게 그 사명을 감당할 수 있게 하는 능력의 하나님이라는 사실을 인식시키기를 원하신 것이다. 그래서 그 이름의 의미를 먼저 말씀하셨다.

스스로 있는 자라는 것은 애굽의 학문을 다 공부한(행 7:13) 모세가 그 의도를 충분히 깨달을 설명이었다. 세상의 모든 사물이 스스로 있는 것이 없다는 것을 알고 있는 모세에게 스스로 있다는 설명은 전능하다는 의미로 가슴에 다가왔을 것이다. 그 의미를 말씀하신 후에 하나님은 그 이름이 여호와라고 말씀하신 이유이다(출 3:15).

스스로 있다는 뜻이 있는 이 이름은 성경의 하나님의 존재에 대하여 대답하신 것이다. 이 세상이나 우주의 사물 중에 스스로 있는 것은 없다. 그것이 있기 위하여서는 무엇인가에게 의존되어 있다. 사람은 부모로부터 존재와 생명을 받아야 된다.

그러면 일반적으로 말하는 자연(自然)은 어떻게 있는 것일까? 정말

한자말이 뜻하는 대로 스스로 그렇게 되었을까? 우리들은 태어날 때 이미 자연계가 있는 환경에서 태어난다. 범인(凡人)들은 그것이 왜 있어야 하는지 생각하는 일이 거의 없다. 당연히 있는 것으로 받아들일 뿐이다.

왜 그것이 당연히 있어야 하는 것인가?

자연이니까 그렇다고 생각하는 것일까?

나는 그 이유를 모른다. 주어진 삶을 살아가는 사람들은 그런 것을 생각하지 않는 것 같다. 그러나 그런 문제를 생각해봐도 사람들이 스스로 자연계가 어떻게 이런 상태로 있게 되었는지 납득할 수 있는 대답을 찾을 수 없을 것이다. 자연과학이 발달했다고 지구 환경이 어떻게 이렇게 되어 있는지 알아낼 수 있을까? 과학 탐구로는 알아낼 수 없을 것이라는 것이 나의 생각이다.

진화론을 주장하는 것도 무생물에서 생물이 발생했다는 주장을 할 뿐이다. 무생물계가 이렇게 구성된 사실을 진화론으로 설명이 가능할까? 결코 설명할 수 없을 것이라는 것이 나의 생각이다. 이미 자연계가 이런 구조로 되어 있다는 사실을 전제로 진화론이나 기타 이론들이 생기는 것이 아니겠는가.

그래서 사람들이 무생물이나 식물계를 자연, 곧 저절로 있는 것이라고 이름 지었는지 모를 일이다.

기독교의 경전인 성경은 이 우주에 자연은 여호와라 이름하신 창조주 하나님 외에는 없다는 것을 단언한다. 그 외의 모든 것들은 여호와라 이름하신 창조주 하나님께서 있게 했기 때문에 있게 된 것 들일 뿐이다.

모세는 성경의 첫 다섯 책의 기록자이다.

그는 창세기 1장에서 해와 달과 별들이 모두 하나님의 피조물이라는 것을 분명히 기술하였다. 모세는 기원전 1500년대의 인물이다. 창세기를 기록한 당시가 기원전 1500년경이었으니까. 당시 세계 최대의 문명국이라고 할 수 있는 애굽은 온갖 우상을 다 섬기는 국가였다. 모세는 그런 나라 왕궁에서 자랐다. 성경은 "모세가 애굽 사람의 학술을 다 배워 그 말과 행사가 능하더라"(행 7:22)고 증언한다. 그는 애굽 학문과 풍속을 훤히 알고 있는 지식인이었다.

애굽은 태양과 달과 별들과 심지어 나일강과 여러 가지 동물들을 다 신으로 섬기는 종교문화였다.

그런 교육과 풍속과 문화 속에서 그런 것을 배우며 성장한 모세가 그 분위기에 젖어버리는 것은 쉬운 일이었을 것이다. 그런데 그가 기록한 성경은 이런 것들이 다 여호와 하나님께서 창조한 피조물이라는 것을 처음부터 강조하였다. 그것들은 결코 경배의 대상이 아니고 그것을 창조한 분이 경배의 대상이라는 것을 주장한 것이다. 물론 창조주께서 모세에게 이 사실을 깊이 명심하게 하셨다. 그러므로 성경은 천연계(天然界)가 자연계(自然界)가 아니라는 것을 분명히 선언한다. 나는 자연계라는 말을 잘 쓰지 않는다.

자연계는 실제로 없기 때문이다. 천연계라고 쓰기를 좋아한다.

천연은 하나님께서 있게 했다는 뜻으로 여기기 때문이다.

당연히 사람도 여호와라 이름하신 하나님께서 창조하신 것이다. 창세기는 이 사실을 확실히 기록하였다.

"하나님이 가라사대 우리의 형상을 따라 우리의 모양대로 우리가 사람을 만들고 그로 바다의 고기와 공중의 새와 육축과 온 땅과 땅에 기는 모든 것을 다스리게 하자 하시고 하나님이 자기 형상 곧 하나님의 형상대로 사람을 창조하시되 남자와 여자를 창조하시고 하나님이 그들에게 복을 주시며 그들에게 이르시되 생육하고 번성하여 땅에 충만하라, 땅을 정복하라, 바다의 고기와 공중의 새와 땅에 움직이는 모든 생물을 다스리라 하시니라"(창 1:26~28).

스스로 계시는 하나님께서 친히 사람을 자기 형상대로 창조하셨다. 그런데 이 하나님의 형상이 "우리의 형상"이라는데 유의해야 한다. 우리는 복수(複數)이다. 우주와 그 가운데 만물을 창조하신 여호와라 이름하신 하나님은 단일 존재가 아니고 복수 존재라는 것을 분명히 계시한 계시적 표현이다. 복수 존재이신 창조주 하나님께서 자기 형상대로 사람을 창조하셨는데, 복수 존재인 남자와 여자를 창조하셨다. 이렇게 창조한 피조물에게 사람이라는 이름을 친히 명명하셨는데, 그것은 단수이다.

"이것은 아담의 계보를 적은 책이니라 하나님이 사람을 창조하실 때에 하나님의 모양대로 지으시되 남자와 여자를 창조하셨고 그들이 창조되던 날에 하나님이 그들에게 복을 주시고 그들의 이름을 사람이라

일컬으셨더라"(창 5:1, 2) 이 말씀에 "사람"은 단수이다. 하나님께서 복수 존재이시지만 그 이름은 여호와 하나인 것과 같은 이치로 남자와 여자를 만드셔서 복수인 "우리"가 되게 하셨으나 그 칭호는 단수로서 "사람"이라고 하셨다.

창세기 2장에는 사람을 창조하는 과정을 좀 더 자세히 기록하였다. "여호와 하나님이 땅의 흙으로 사람을 지으시고 생기를 그 코에 불어넣으시니 사람이 생령이 되니라"(창 2:7).

사람은 스스로 존재하지도 않았고 아메바가 스스로 진화하지도 않았다. 스스로 계신자라는 이름을 가지신 여호와 하나님께서 자기 형상대로 창조하였다. 즉 사람은 자기 이외의 존재로부터 존재와 생명을 받았다는 것을 분명히 계시한 것이다.

여자 창조에 대하여는 "여호와 하나님이 아담을 깊이 잠들게 하시니 잠들매 그가 그 갈빗대 하나를 취하고 살로 대신 채우시고 여호와 하나님이 아담에게서 취하신 그 갈빗대로 여자를 만드시고 그를 아담에게로 이끌어 오시니 아담이 이르되 이는 내 뼈 중의 뼈요 살 중의 살이라 이것을 남자에게서 취하였은즉 여자라 부르리라 하니라"(창 2:21~23)고 하였다.

여자라는 이름은 남자가 지었다. 여자는 남자에게서 존재와 생명을 받았다. 그러나 결국은 다 하나님께로부터 나온 것이다.

이런 계시의 기록은 사람은 남자나 여자나 그 존재와 생명이 자기 스스로에게서 나온 것이 아니고 나올 수도 없다는 것을 분명히 밝힌 것이다.

진화론은 생물이나 무생물이나 다 스스로 존재한 것이라고 주장한다. 모든 것이 여호와라는 의미가 된다. 이것이 바로 여호와 하나님을 대적하는 사단이 노리는 것이다. 진화론이야말로 사단의 만든 걸작 이론이고, 아무것도 스스로 존재한 것이 없는 사람들은 하나님과 같이 되고자 하는 욕망 때문에 그것은 쉽게 받아들인다. 스스로 존재할 수 있고, 스스로 존재했다는 것을 주장하는 것인데, 결국은 존귀에 처한 사람은 멸망하는 짐승이라고 정의한 것이 되고 만 것이다(시 49:20).

생물은 호흡해야 한다. 먹어야 한다. 호흡하지 않으면 생명은 죽는다. 현재의 상태로는 먹고 마시지 않으면 생명을 유지할 수 없고, 존재를 존속시킬 수 없다. 생물이 계속 호흡해야 하고 때를 따라 음식을 먹고 마셔야하는 것은 그 안에 스스로 생존할 수 있는 능력이 없다는 사실을 드러내는 것이다. 아니 고백하는 것이다. 창조주께서 사람을 호흡하고 먹어야 하도록 창조하신 것은 인간의 생명의 계속적인 유지를 자기 밖에서부터 공급 받지 않으면 안 된다는 것을 생활을 통하여 배우고 깨닫게 한 조처이다.

그것을 깨닫고 생물에게 창조주를 절대적으로 의지할 때 가장 행복하고 영속적으로 생명과 존재를 유지한다는 사실을 가르치는 교육이다. 자기 밖에서부터 호흡과 먹을 것을 공급하는 것은 창조주께서 하시는 것이다. 그래서 성경은 "우리가 그를 힘입어 살며 기동하며 존재하느니라"(행 17:28)고 단정적으로 선언한다.

창조주를 떠나면 인간은 생명을 잃고 존재를 영원히 상실하게 된다.

창조주는 이 사실을 그의 형상대로 창조한 사람에게 인상 깊게 가르치셨다.

"여호와 하나님이 그 사람에게 명하여 이르시되 동산 각종 나무의 열매는 네가 임의로 먹되 선악을 알게 하는 나무의 열매는 먹지말라 네가 먹는 날에는 반드시 죽으리라 하시니라" (창 2:16, 17).

이 경고는 사람이 스스로 존재하지 않았다는 사실을 가르치는 것과 동시에 그들의 존재가 전적으로 타의에 의한 것임을 가르친다. 사람은 어느 누구도 자기의 존재를 자기 의지로 선택하지 않았고 선택 할 수도 없다. 모든 생명체가 다 그렇다. 그것은 그 생물 안에서 발생한 것이 아니다. 생물 밖에서 무엇인가가, 누군가가 생명체를 존재하게 한 것이다. 그렇게 존재한 것은 언제까지나 존재하게 한 실체를 떠날 수 없다.

현재의 사람들은 죽는다. 부모도 죽는다. 그러면 자식들은 부모와 상관없는 것일까? 아니다. 그에게 생명과 존재를 주었다는 사실에서 결코 떠날 수 없다. 그는 부모에게 의지된 상태로 존재하고 살고 있는 것이다. 그러므로 사람은 그의 창조주를 떠나면 생명과 존재를 상실하게 된다. 당연한 것이 아닌가.

그러나 창조주께서 사람을 자기 형상대로 창조하였기 때문에 사람은 이성과 판단력이 있는 지혜로운 존재이다. 그러나 존재는 창조주가 의미로 창조하였다. 사람이 될 흙덩이에게 "창조해 줄까?"라고 묻지 않았다. 그런데 그 사람에게 이성과 판단력을 주셨다.

이제 사람은 창조주가 창조한 그의 존재를 그대로 수용할 것인지 거절할 것인지 결정할 수 있다. 창조주가 일방적으로 창조했기 때문에 그렇게 할 수 있는 기회를 허락한 것이다. 그것이 선악을 알게 하는 나무의 실과를 먹지 말라는 명령이다. 먹는 날에는 정녕 죽는다는 말은 창조주의 창조를 거절할 때에는 존재를 완전히 상실한다는 말이다.

창조주 하나님은 자기 형상대로 창조한 존재가 함께 영생하기를 원하신다. 그런데 사단은 하나님을 대적하는 것을 목적으로 삼았기 때문에 사람에게 접근하고 사람도 창조주와 상관없이 스스로 생존할 수 있다고 주장하게 하였다. 그것이 선악과를 먹는 것의 의미였다. 그것은 창조주와 상관없이도 존속할 수 있다는 것을 주장하는데 모였다.

아담 부부는 사단의 제안을 받아들이고 선악과를 먹었다. 그러자 그들이 벌거벗은 것을 알게 되었다(창 3:6~9).

벌거벗은 것을 알게 되었다는 것은 생명을 잃었다는 사실을 깨닫게 되었다는 말이다. 이것은 성경을 관통하여 흐르는 사상이다. 옷을 제대로 갖추어 입지 않았다는 것도 같은 뜻이다.

성경은 "아담과 그 아내 두 사람이 벌거벗었으나 부끄러워 아니하니라"(창 2:25)고 기록하였다.

그들이 벌거벗었는데도 부끄러워하지 않았다.

창세기 3장 7, 10절을 보면 그들이 선악과를 먹은 후에 벗을 줄을 알았다고 기록하였다. 그들이 선악과를 먹기 전에는 벗은 줄을 몰랐다. 이게 무슨 말인가? 이 대답을 시편이 하고 있다.

"사람이 무엇이관대 주께서 저를 생각하시며 인자가 무엇이 관대 주께서 저를 권고하시나이까 저를 천사보다 조금 못하게 하시고 영화와 존귀로 관을 씌우셨나이다"(시 8:4, 5).

영화와 존귀로 관을 씌웠다고 했는데, 관 씌웠다는 히브리말이 '아타르'이다. 이 말은 '둘러쌌다'는 뜻이다. 창조주 하나님은 자기 형상대로 사람을 창조하시고 영화와 존귀로 둘러싸셨다. 영화와 존귀로 옷을 입히셨다.

'벌거벗었으나'라고 한 것은 요즘 사람들이 입는 그런 옷을 입지 않았다는 말이다. 옷감으로 만든 옷을 입지는 않았으나, 창조주가 입혀준 영광과 존귀의 옷을 입고 있었다. 이 옷은 어떤 옷일까? 그것은 빛의 옷이다. 하나님이 빛을 옷 입고 계시기 때문에 자기 형상대로 만든 사람도 빛을 입히셨다.

"주께서 옷을 입음같이 빛을 입으시며"(시 104:2). 빛을 입었다는 말은 생명력이 넘쳐 나오는 상태를 나타낸다. 왜냐하면 생명이 빛이기 때문이다.

"그 안에 생명이 있었으니 이 생명은 사람들의 빛이라"(요 1:4).

창조주이신 예수 그리스도는 빛이시다. 이 빛이 사람들의 생명이다. 창조주 하나님이 주신 생명력은 사람들에게 빛을 입은 것 같은 현상을 나타냈다. 생명력의 빛으로 알몸이 보이지 않았다.

선악과를 먹은 후에 벗은 줄 알게 되었다는 것은 그들에게 준 창조주의 생명이 없어진 것을 깨달았다는 말이다. 이제 아담 부부에게는 창조주가 준 생명이 없어졌다. 죽은 것이다.

하나님은 한 사람 아담을 창조하시고 그에게 생명을 주어서 생명 관리자로 삼으셨다. 그에게서 생명이 그의 모든 후손에게 전달 될 것이었다. 그 첫째가 여자였다. 아담의 갈빗대를 취하여 여자를 만들었다는 것은 여자가 남자에게서 신체와 생명을 받았다는 뜻이다.

이것을 성경은 "여자가 남자에게서 났다"(고전 11:8)고 말한다. 그리고 부부가 되어서 그의 후손들이 땅에 충만하도록 생육하고 번성해야 했다(창 1:28). 그런데 선악과를 먹고 창조주와 상관없이도 존재할 수 있다고 데모하므로 창조주께서는 그들의 결정대로 창조한 존재와 생명을 거둘 수밖에 없었다. 인류의 시조는 이렇게 하여 창조주가 준 영원한 생명과 존재를 상실하게 되었다. 이제 그들에게서 생명은 태어날 수 없게 되었다. 그들에게서 없어진 생명을 어떻게 그들의 후손에게 준다는 말인가? 아니 후손이 태어날 수 있기는 할 것인가? 결코 그럴 수 없다. 창조주의 특별한 조치가 없으면 창조주가 사람을 창조한 것은 헛되게 끝나고 말 것이다.

전능한 창조주가 그렇게 둘 수 있겠는가? 결코 그럴 수 없다. 그들을 다시 살려야 한다. 그래야 생육하고 번성하여 땅에 충만하라고 명한 명령도 실현되는 것이다. 그래서 창조주는 그들을 살리기로 한 것이다. 그러나 당장 그대로 살게 할 수는 없다. 선악과를 먹는 날에는 반드시 죽을 것이라고 했기 때문이다. 그들을 그냥 살게 하면 창조주께서 선악과를 먹는 날에 반드시 죽을 것이라고 명령한 것이 거짓이 되고 만다. 뿐만 아니라 사단이 온 우주를 향해 여호와 하나님은 전능하지 않다는 것이 증명 되었다고 외쳐댈 것이다. 처음부터 창조주를 대적했는데 반드시 죽는다고 분명하게 선언한 그 명령을 아무런 당위성도 없이 취소한다면 우주에서 창조주의 위상은 말할 수 없이 추락할 것이다.

그래서 그들에게 다시 생명을 얻을 수 있는 기회는 주지만, 한 번 죽는 것은 면할 수 없도록 했는데, 한 번 죽는 그 생명은 창조할 때 아담에게 준 영생하는 그 생명이 아니다. 그것을 성경은 육체의 생명이라고 했다(레 17:11, 14). 생명을 회복할 만한 기회 동안 의식을 유지하는 시한부 생명일 뿐이다. 사형수가 되었지만 집행할 때까지 얼마간의 세월이 있을 것이라는 말이다(히 9:27). 그리고 진짜 아담이 죽게된 생명을 완전히 상실하게 된 그 죽음은 창조주 자신이 대신 하겠다는 것이다. 이것을 성경은 구원의 복음이라고 한다. 사단이 무슨 할 말이 있겠는가. 창조주 자신이 대신 죽겠다는데 말이다.

그러나 아담이 육체의 생명이 끝나기 전에 아담에게서 생육할 그의 후손은 아담에게 창조주가 처음에 주었던 그 생명을 받을 수 없게 되었다. 아담이 그 생명을 가지고 있지 않기 때문에 그에게서 태어날 후손에게 줄 수 없다. 다만 육체의 생명을 줄 수밖에 없다. 그래서 아담에게서 생육하는 모든 그의 후손들은 다 육체의 생명을 받아 태어나면서 창조주께서 아담에게 처음 준 그 생명을 얻을 수 있는 기회만 받은 채 한 번 죽는 것이 정해진 그 상태로 태어난다. 이런 것을 성경은 아담 안에서 모든 사람이 죽었다고 계시한다(고전 15:22). 이것이 성경이 모든 사람이 죽었다고 계시한 진상이다.

창조주 여호와 하나님의 안목에는 이 세상에 생명 있는 사람이 한 사람도 없다. 다 사망일뿐이다.

예수께서 세상에 계실 때 그런 진실을 잘 말씀하셨다.

"제자 중에 또 하나가 가로되 주여 나로 먼저 가서 내 부친을 장사하게 허락하옵소서 예수께서 가라사대 죽은 자들로 저희 죽은 자를 장사하게 하고 너는 나를 좇으라 하시니라" (마 8:21, 22).

죽은 자들이 죽은 자를 장사하게 하라고 하신 것은 호흡이 끊어진 육체의 생명까지 잃어버린 죽은 자와, 호흡을 하고 있지만 아담 안에서 죽은 자들에 대하여 말씀하신 것이다. 이 세상에는 두 가지 죽은 자가 있을 뿐이다. 호흡하는 죽은 자들과 호흡이 끊어진 죽은 자들이다. 이들은 이미 공히 아담 안에서 죽은 자들이다.

성경은 육체의 생명으로 호흡하고 있는 아담 안에서 죽은 자들이 스스로는 알 수 없는 인생의 진실을 창조주의 계시를 통하여 잘 기록해 놓은 책이다. 정말 불편한 진실이다. 그러나 우리는 이것을 인정해야 한다. 그래야만 참으로 생명을 얻을 수 있다.

오늘날 기독교가 이것을 잘 모르고 구원의 복음을 얼마나 왜곡했는지 모른다. 변질된 복음을 강론하고 있는 것이다.

이 책을 완독하기 바란다. 그 진상을 알게 될 것이다. 그리고 참 복음을 찾을 것이다.

제2장
기독교의 경전

1. 성경이라는 책

　모든 고급 종교들은 경전을 가지고 있다. 그 종교가 가르치는 교리와 신조는 이 경전에 근거한다.

　경전에 없는 것을 교훈으로 취할 수는 있을지라도 교리와 신조로 삼지는 않는다. 그들이 경전에 없는 것을 교리와 신조로 삼게 되면 그런 교리와 신조가 나온 전적(典籍)을 후세에라도 경전에 추가해야 할 것이다. 그래야 그들의 신앙의 근거를 신도들에게 제시할 수 있기 때문이다. 경전이 없는 종교는 미신이 된다.

불교에는 경전이 있고 경전에 근거를 둔 율이 있고, 경과 율에 근거를 둔 논이 있다. 즉 경장(經藏), 율장(律藏), 논장(論藏)이 있는 것이다. 이것을 삼장(三藏)이라고 한다. 경장에 근거하여 그들의 교리와 신조를 가르치는 중에 경장에 명문화되어 있지 않지만, 경장의 사상을 설명하고 가르치는 중에 율장을 만들게 되고 또 그것을 가르치고 설명하는 중에 논장을 만들게 되었을 것이다.

가톨릭도 원래는 캐논(Canon, 정경)에 없던 것을 그들의 교리와 신조로 주장하는데 필요했기 때문에 원래 캐논에 더한 경전이 있는데, 그것을 개신교에서는 외경이라고 하고 가톨릭에서는 제2 정경이라고 한다. 이처럼 종교는 경전을 신앙의 근거와 이유를 제시하는 기초로 가지고 있다. 성경은 기독교의 경전이다. 기독교의 모든 교리와 신조는 오직 성경에서만 나와야 한다.

성경에 없는 것을 교리와 신조로 가르친다면 그것은 순수한 기독교가 아니다. 섞인 것이 있는 잡탕종교가 되는 것이다.

가톨릭도 당연히 기독교이지만 일반적으로 요즘은 신교를 기독교라고 부르고 구교는 가톨릭, 또는 천주교라 구별하여 부르는 것 같은 인상을 받는다. 아무튼 크게 말해서 모두 기독교, 즉 예수 그리스도의 종교이다. 그런데 그 주장하는 것이 서로 다르다.

종교개혁자들이 내 건 캐치프레이즈(catch phrase)는 오직 성경(Sola scriptura)이었다. 기독교의 교리와 신조는 오직 성경에서만 나와야 한다는 것이었다.

종교개혁을 할 수밖에 없는 것은 당시의 교회가 성경과 일치하지 않는 교리와 신조와 교회 행사를 하기 때문이었다. 대표적인 것이 면죄부를 파는 것이었다. 이것은 성경적 근거가 없는 행위였다. 기독교의 모든 교리와 신조와 신도들의 신앙생활의 근원은 오직 성경뿐이다. 성경과 일치하지 않는 교리나 신조는 성경의 종교가 아니다. 그런 것은 변질된 기독교일 뿐이다.

개혁자들의 공격 대상은 교황권이었다. 가톨릭이었다. 당시는 아직 기독교라고 하면 지금 가톨릭이라고 부르는 교회뿐이었다. 물론 네스토리우스파나, 아리우스파 등이 있었다. 동서교회가 분리되어 있기도 했다. 서방교회가 가톨릭이고 동방교회는 정교회이다. 그러나 근원지는 가톨릭이다.

개혁의 선봉장인 루터는 가톨릭교회의 신부였다. 루터는 오직 성경만이 신앙과 생활의 유일한 표준이라는 성경적 사상을 캐치프레이즈로 든 것이다. 당시 정경은 신구약 66권 만이었다. 그런데 개혁자들이 가톨릭이 가르치는 교리와 신조가 이 66권에 없는 것이 있다는 것을 지적하고 외치기 때문에 교회는 참 곤혹스러웠다. 그래서 1545년부터 1563년까지 트랜트에서 공의회를 개최하였다. 이 회의는 3기로 나누어지는데, 1545년부터 1548녀까지 3년간이 제1 회기였다. 이때 중점적으로 다룬 문제가 정경문제였다. 지금 개신교에서 주장하는 신구약 66권만이 정경이냐 하는 것이었다.

성경문제에 있어서 신약성경은 교회 안에서 크게 문제가 되지는 않았다. 교회사가 가이사랴의 유세비우스는 일곱 의심나는 책에 대하여 말했지만, 그럼에도 지금 구성된 27권의 정경으로 확인되었다.

그러나 구약은 트렌트 회의를 통해 제2 전경을 채택하였는데, 이것은 트렌트 회의 전까지는 정경으로 여기지 않았다. 그냥 읽어서 유익한 책으로만 인정하였다.

그 이유는 구약은 유대교의 경전인데, 소위 제2 정경은 유대교에서 정경으로 인정하지 않기 때문이었다. 유대교의 랍비들은 기원 후 90년에 얌니아에서 총회를 열고 정경에 대하여 열띤 토론을 거치고 지금 개신교에서 정경으로 받아들인 39권만이 정경이라고 확정하였다. 그 외의 개신교에서 외경이라고 하는 것은 "읽어서 유익한 책"으로 규정하였다. 정경으로 확정한 것은 모두 히브리어와 아람어로 기록된 책이었고, 그 외의 것은 다 헬라어로 기록된 것들이었다. 유대 랍비들은 헬라어로 기록된 것들은 정경으로 받아들이지 않았다. 또한 그 글들에는 모세오경의 사상과 일치하지 않는 것들이 있기 때문이기도 하였다.

그런데 트렌트 회의에서 이것을 정경으로 결정하였다. 이유는 개혁자들이 오직 성경만이라고 주장하면서 교황권을 공격하는 중심 이유가 성경에 없는 것을 교리와 신조로 주장한다는 것이었기 때문이었다. 이 때에 읽어서 유익한 책을 정경으로 인정했을 뿐만 아니라 유전, 소위 거룩한 유전도 성경과 동일한 권위가 있다고 결정하였다. 또한 성경의 해석은 개인적으로 할 수 없다고 결정하였다. 교회만이 올바른 해석을 한다고 한 것이다.

이렇게 해야 교리와 신조를 교회 지도자들이 원하는 대로 정할 수 있기 때문이 아니겠는가. 교회가 마음대로 경전을 개편 수정할 수 있는 길을 만들어놓은 것이다. 이제 경전은 최소한의 기능만 수행하고 교회가 모든 것을 주장하도록 된 것이다. 교회가 성경에 의하여 설립되었는데, 성경으로 설립된 교회가, 교회를 설립한 성경을 전권으로 해석할 권리가 있다고 결정한 것이다. 참 어처구니없는 일이다.

이렇게 하여 기독교가 변질로 질주할 수 있는 고속도로를 만들어놓은 것이다. 하나님의 계시의 말씀인 성경은 인간의 권위 아래로 떨어지고 하나님의 절대적인 계시의 영역이 인간의 사상으로 물들여지게 된 것이다. 성경은 이것을 진리를 땅에 던진 것이라고 예언하였다.(단 8:13)

성경은 기독교의 모든 것이다. 성경에 기록되지 않은 것이 결코 기독교의 교리의 일부나 신조의 일부라도 될 수가 없다. 그런 것이 들어 있다면 그것은 순수한 성경의 기독교는 아니다. 그것은 인간이 조작한 변질된 기독교이다.

2. 계시의 기록

기독교의 모든 것인 기독교의 경전 성경은 성경의 하나님 여호와의 계시를 기록한 책이다. 계시가 무슨 뜻인가? 계시라는 말은 말 그래도 열어서 보여준다는 말인데, 성경에 그 뜻을 이렇게 설명하였다.

"주 여호와께서는 자기의 비밀을 그 종 선지자들에게 보이지 아니하시고는 결코 행하심이 없으시리라"(암 3:7).

성경의 하나님께서 자기의 계획을 선지자들에게 미리 알려서 기록하게 한 것이 성경이 말하는 하나님의 계시이다. 이것은 사람의 생각으로 알 수 있는 것이 아니다. 사람은 다른 사람 속에 있는 생각도 알 수 없다. 심지어는 자기의 생각조차 정확히 모른다. 그런데 어떻게 감히 하나님의 생각을 사람이 알 수 있겠는가. 성경은 전적으로 여호와라 이름하신 하나님께서 그의 선지자들에게 자기의 뜻을 보여주신 것을 사람의 언어로 기록한 것이다.

"여호와의 말씀에 내 생각은 너희 생각과 다르며 내 길은 너희 길과 달라서 하늘이 땅보다 높음같이 내 길은 너희 길보다 높으며 내 생각은 너희 생각보다 높으니라"(사 55:8,9).

즉 사람이 스스로 하나님의 생각을 알 수가 없다는 말이다.

"기록된 바 하나님이 자기를 사랑하는 자들을 위하여 예비하신 모든 것은 눈으로 보지 못하고 귀로도 듣지 못하고 사람의 마음으로도 생각지 못하였다 함과 같으니라"(고전 2:9, 롬 11:34).

사람이 하나님의 생각을 알 수 있는 유일한 길이 하나님께서 사람에게 그것을 나타내주는 것이다.

하나님은 우주와 그 가운데 만물을 창조한 창조주이시다. 세상에 죄가 들어와서 사람들이 보이는 세계에 갇히게 되어버렸기 때문에 창조주의 창조의 비밀을, 천연계에 나타난 것들을 관찰하는 것으로 다 알 수 없다. 또 나타난 것은 보이는 것으로 된 것이 아니다(히 11:3).

그러므로 죄로 인하여 보이는 세계에 갇혀버린 사람들을 죄에서 구원하기 위하여 보이지 않는 세계를 보게 하려고 선지자들을 택하시고 보이지 않는 것들을 계시와 영감으로 나타내어서 기록하게 한 것이 성경이다. 결코 성경을 사람의 생각으로 풀이할 수 없는 이유이다. 성경을 사람의 생각으로 억지로 풀이하면 멸망에 이르게 된다(벧후 3:16).

하나님의 뜻을 사람이 전단(專斷)하기 때문에 그릇된 길로 걸어가게 되고 그 종착지가 멸망이기 때문에 멸망하는 것이지 하나님께서 그를 멸망시키기 때문이 아니다.

성경은 철저히 그 해석을 성경 자체에 의지하라고 가르친다.

"그들이 그에게 이르되 우리가 꿈을 꾸었으나 이를 해석할 자가 없도다 요셉이 그들에게 이르되 해석은 하나님께 있지 아니하니이까 청컨대 내게 고하소서"(창 40:8).

해석은 하나님께 있다. 성경은 그 안에 해석할 수 있는 장치를 가지고 있다. 성경이 성경을 해석하고 있다는 말이다. 그러므로 연구하는 사람은 자기 생각으로 해석할 것이 아니라 성경이 성경을 해석하는 것을 겸손하게 찾아야 한다. 그러면 하나님께서 그 길을 인도하실 것이다. 그것이 살아 있는 책의 생명의 특성이다(히 4:12).

생명이 있는 것은 그것이 갈 길을 스스로 가게 되어 있지 않는가.

성경은 그 전체가 하나님의 감동으로 된 것이다(딤후 3:16, 벧후 1:20,21).

사람의 사상이 들어가지 않았다는 뜻이다. 이 말은 성경의 글자 한 자 한 자를 다 하나님께서 지시하는 대로 기록하였다는 뜻이 아니다. 선지자들은 하나님이 영감과 계시를 준 것을 올바르게 나타내기 위하여 최선을 다하여 그들이 배운 글과 지식수준에 따라 그들이 표현할 수 있는 정도로 표현하였으나, 그 사상은 철저히 하나님이 영감과 계시로 나타내신 것을 넘어가지 않았다는 말이다. 그래서 성경은 기록한 말씀 밖으로 넘어가지 말라고 경고하였다(고전 4:6).

그렇게 하는 것은 하나님의 생각을 사람의 생각으로 변개하는 것이 되기 때문이다. 그러므로 기독교의 모든 것은 철두철미 성경을 계시하여주신 하나님의 것이다.

교회는 이 사실을 받아들여야 한다. 개혁자들의 주장은 옳은 것이다. 성경적인 주장이다. 이런 주장을 받아들이지 않기 위하여 가톨릭은 트렌트 공의회를 열고 성경 해석을 교회가 담당한다고 결의하였다.

성경 해석은 성경이 담당하게 한 하나님의 생각을 거역한 것이다. 그러면서도 교회라는 이름으로 세상에 존재한다. 교회인지는 모르지만 그것은 성경을 통하여 계시를 주신 성경적 교회는 아니다. 변질된 교회인 것이다.

예수를 믿는 사람들은 하나님께서 계시로 이렇게 나타내신 뜻을 겸손하게 올바로 받아들여야 한다. 그렇지 않으면 그가 믿는 예수님은 성경이 계시한 그 예수가 아니라 변질 된, 인간이 고안한 예수를 믿는 것이 된다. 불편한 진실일는지 모르지만 분명한 진실이다.

제3장
예수라는 사람

1. 예수님의 주장

　기독교는 철저히 한 분 예수께 집중되어 있는 종교이다. 예수의 교훈에 기초한 것이 아니라 예수라는 그분에게 기초되어 있다. 아무리 예수의 교훈이 좋고 훌륭하다고 해도 예수라는 사람이 없으면 기독교는 아무것도 아니다. 또 예수께서 하신 교훈을 생활에 철저히 실천하고 산다고 해도 그가 예수라는 분을 하나님의 아들이시며 구주라는 것을 믿지 않으면 그는 예수를 믿는 사람이 아니다. 교훈을 잘 실천한다는 것과 예수를 믿는다는 것은 전혀 다른 이야기이다.

사람은 자기의 존재와 인격에 상관없이 훌륭한 교훈을 할 수 있다. 거지도 남에게 주는 것이 받는 것보다 복이 있다는 말을 할 수 있는 것이다. 그러나 거지는 얻으러 다니는 사람이다. 교주들이 형편없는 인격과 생활을 하면서도 교도들에게 금언을 쏟아낼 수 있는 것이 사람이다. 그 사람이 없어져도 그 교훈이 남아서 사람들에게 좌우명이 될 수도 있을 것이다. 그러나 예수님은 그런 교훈을 지키라고 하는 사람이 아니라는 데 기독교의 기초가 있다.

예수님은 많은 훌륭한 교훈을 하였고 훌륭한 일들도 하였다. 많은 사람들이 산상보훈을 예수의 교훈의 백미라고 말한다. 그럴 만도 하다. 사람들은 남에게 대접을 받고자 하는 대로 남을 대접하라는 교훈을(마 7:12) 황금률이라고 하여 예수의 교훈의 절정으로 생각하는 것 같다. 그러나 필자의 생각으로는 그런 교훈들은 필부들도 할 수 있는 말이다. 이미 지적했듯이 금언이라는 것은 누가 말했는지는 상관이 없다. 그 말 자체가 훌륭한 가치를 지니면 그것으로 족한 것이다. 그러나 기독교의 경전은 그런 상태에 있는 책이 아니다. 나는 잘 모르지만 불경은 석가모니가 없어도 가치를 지닐 것이 아닐까?

유교의 경전들도 그럴 것이다. 공자가 없어도 그 가르침이 가치가 있는 것이다. 그러나 성경은 전혀 그렇지가 않다. 예수가 없으면 성경은 완전히 헛소리이다.

예수의 교훈 중에 예수가 아니면 할 수 없는 교훈이 있다. 나는 그것을 예수의 교훈의 특성이라고 한다. 그것은 "나는 …… 이다(εγω ειμι)"

라는 교훈이다. 나는 생명이다. 나는 부활이다. 나는 빛이다. 이런 말들은 자신의 존재와 인격을 걸고 하는 교훈이 아닌가. 이 교훈을 하는 사람은, - 교훈이라기보다는 주장이라고 하는 편이 맞을는지 모르겠다. - 자신이 생명이요 부활이요 빛이 아니면 그 주장 자체가 거짓이다. 누가 감히 이런 주장의 교훈을 할 수 있을까? 이런 주장은 두 가지 가능성 뿐이다. 사실이든지, 완전히 거짓이든지. 예수의 이 주장은 어느 쪽일까?

오늘날 세상은 예수를 삼대 성인의 한 사람으로 추앙한다. 그런데 예수가 자기를 두고 한 이런 주장을 들으면 예수를 믿는 사람이 아니면 다 부정한다. 부정한다는 말은 거짓말이라고 인정하는 것이다.

결국 예수님은 거짓말쟁이가 되는 것이다. 성인이라고 추앙하는 것과 그의 주장을 사실로 받아들이지 않는 태도 사이에는 전혀 조화될 수 없는 모순이 있다.

예수님은 도대체 어느 쪽이라는 말인가?

이뿐만 아니다. 그는 자신을 하나님의 아들이라고 주장하였다.

그의 이런 주장은 당시의 유대인들도 믿지 않았다. 유대인들은 예수의 이런 주장 때문에 돌로 치려고 했다.

"내가 저희에게 영생을 주노니 영원히 멸망치 아니할 터이요 또 저희를 내 손에서 빼앗을 자가 없느니라 저희를 주신 내 아버지는 만유보다 크시매 아무도 아버지 손에서 빼앗을 수 없느니라 나와 아버지는 하나이니라 하신대 유대인들이 다시 돌을 들어 치려하거늘 예수께서 대답하시되 내가 아버지께로 말미암아 여러 가지 선한 일을 너희에게 보였 거늘 그 중에 어떤 일로 나를 돌로 치려 하느냐 유대인들이 대답하되 선한 일을 인하여 우리가 너를 돌로 치려는 것이 아니라 참람함을 인함 이니 네가 사람이 되어 자칭 하나님이라 함이로라"(요 10:28~33).

이 기록은 당시 유대인의 분위기를 잘 반영하는 내용이다. 지금은 이 렇게 하지는 않지만, 예수의 교훈의 독특성, 곧 예수가 아니면 할 수 없 는 그 교훈을 들었을 때 예수를 성인에서 사기꾼으로 전락시키는 사람 들의 마음은 유대인들의 태도와 다를 것이 없다.

예수님은 그런 주장을 자기의 생각으로 한 것이 아니다. 그는 구약성 경의 기록을 증거로 자기가 하나님의 아들이라고 주장하였고, 생명이 며 부활이요 빛이며 진리라고 교훈하고 주장하였다. 그는 구약성경의 핵심 내용은 바로 예수 자신에 대한 증거라고 주장하였다. 그것을 그는 분명히 제시하였다.

2. 예수님의 주장의 근거

예수님은 자기의 주장을 구약성경에서 제시하였다. 구약성경은 세상 을 구원하기 위한 구주가 어떤 경로로 탄생할 것인지 자세히 예언하였 다. 예수님은 구약이 예언한 이 경로대로 세상에 오셨기 때문에 그의 주장을 구약성경으로 증거한 것이다.

예수님은 십자가에서 죽었으나 사흘 만에 사망을 이기고 부활했다. 부활 후에 제자들에게 나타났을 때 의심하고 믿지 못하는 제자들에게 구약성경을 들어서 예언된 부활에 대하여 증거 하였다.

"가라사대 미련하고 선지자들의 말한 모든 것을 마음에 더디 믿는 자들이여 그리스도가 이런 고난을 받고 자기의 영광에 들어가야 할 것이 아니냐 하시고 이에 모세와 및 모든 선지자의 글로 시작하여 모든 성경에 쓴 바 자기에 관한 것을 자세히 설명하시니라."(눅 24:25~27)

예수님은 여기서 모든 성경에 자기에 관하여 썼다고 말씀하셨다.

구약성경은 구주 예수에 대한 예언이 주류이다. 즉 인류의 구원을 위한 하나님의 섭리를 미리 발표한 것이다. 구주가 어떤 경로로 세상에 올 것인지, 어디서 태어날 것인지, 언제 태어날 것인지, 무슨 일을 할 것인지 등등, 자세히 예언했다. 예수님은 예언된 그대로 모든 것을 이룬 것이다. 그렇게 이루는 것이 쉬운 일이겠는가? 또 의도적으로 그렇게 이루어지도록 할 수가 있을까? 장성해서 행한 것은 의도적으로 할 수 있다고 양보한다고 가정하더라도 탄생과 탄생 장소와 탄생의 때에 대한 것은 스스로 의도해서 이룰 수 있는 일이 결코 아니다.

그것은 예수님이 그렇게 할 수 있는 분이시기 때문에 그렇게 할 수 있었던 것이다. 그분은 창조주이시다. 스스로 계신 하나님이시다. 예수님은 유대인들에게 자신이 아브라함이 나기 전부터 있느니라(요 8:58)고 말씀하셨다.

예수님은 "내가 있었느니라"고 하지 않고 "내가 있느니라"고 하셨다.

이 선언은 그분의 영원한 자존성에 대한 선포이다.

예수는 스스로 있는 자, 곧 여호와 하나님이라는 것을 드러내신 것이다. 그가 모든 피조물보다 먼저 계시기 때문에 자신이 할 일을 계획하시고 실천할 수 있는 것이다. 어떤 사람들이 모든 피조물보다 먼저 계신다는 말을 그가 다른 모든 피조물보다 먼저 창조된 존재라고 억지로 설명하지만, 성경에는 그렇게 해석할 여지가 없다. 그가 창조주이기 때문에 그가 창조한 만물보다 먼저 계시는 것은 당연한 사실일 뿐이다.

성경은 "이는 한 아기가 우리에게 났고 한 아들을 우리에게 주신 바 되었는데 그 어깨에는 정사를 메었고 그 이름은 기묘자라, 모사라, 전능하신 하나님이라, 영존하시는 아버지라, 평강의 왕이라 할 것임이라."(사 9:6)고 예언했다.

한 아들 아기로 우리에게 주신 바 된 분은 원래는 전능하신 하나님이시고, 영존하시는 아버지라고 선언한다. 전능하신 하나님, 영존하시는 아버지 그분을 세상에 인류에게 주실 때에 아들 아기로 주신 것이다. 예수가 하나님의 아들이라는 신분으로 오신 이유를 가르쳐주는 예언이다. 우리, 곧 사람들에게 구주로 보내실 때 아들의 신분으로 보내셨다는 말이다. 아마 독자들은 예수 그가 바로 전능하신 하나님이고 영존하시는 아버지인데 누가 그를 주시는 것인가라고 생각할 것이다. 바로 여기에 성경의 종교의 삼위일체론이 숨어있는 것이다.

성경의 하나님은 삼위로 계신다고 성경은 분명히 계시한다. 사람들에게 아버지와 아들과 성령, 곧 성부 성자 성령으로 계시해 주셨는데, 세상을 구원하기 위하여 여호와 하나님이 섭리하는 행사와 관련하여 사람들이 이해할 수 있도록 계시하신 구분이 아닐까 생각된다. 원래는 다 여호와이시다. 여호와라는 칭호는 스스로 있는 자라는 뜻이다. 성경에는 삼위일체라는 용어가 없다. 성경에 있는 대로 용어를 만든다면 삼위일명(三位一名)이다. 아버지, 아들, 성령이 한 이름을 가지고 있다는 것이다. 마태복음 28장 19절이 그렇게 계시한다.

"그러므로 너희는 가서 모든 족속으로 제자를 삼아 아버지와 아들과 성령의 이름으로 침례를 주고" 여기 아버지, 아들, 성령은 삼위로 복수인데 그들의 이름은 단수이다. 즉 아버지 이름이나 아들 이름이나 성령이 한 이름을 가졌다는 말이다. 그 이름은 바로 여호와이다. 이것은 삼위는 똑 같이 스스로 계시는 존재라는 뜻이다. 어떻게 그런지 우리는 모른다. 그러나 성경은 그렇게 계시한다. 그것이 당연한 것은 스스로 존재하지 않는 것은 하나님일 수 없기 때문이다.

스스로 존재하는 자라야만 참 하나님이다. 스스로 존재하지 않는 것은 그 존재성이 의존적이다. 의존되어 있는 존재는 결코 하나님(神)이 아니다. 성경의 하나님이 자기 이름을 여호와라고 선포하시고 그 뜻이 바로 "스스로 있는 자"라고 선언하신 것은 놀라운 일이며 어떤 종교에도 이런 예가 없다. 오직 성경의 하나님만이 여호와이신 것이다. 그분만이 참 하나님이신 이유가 바로 그 이름에 있다. 분명히 세분이 계시지만 그분들은 동일하게 여호와이시다. 그래서 구약성경에 하나님(엘로힘)이 유일하다고 계시한 곳이 없다. 여호와가 유일하다고 계시했다. 하나님이라는 히브리어 엘로힘은 복수이다. 복수 존재이신 하나님이 바로 여호와신데, 그 복수가 아버지 아들 성령이라고 사람들에게 계시해 주신 것이다.

이미 위에서 언급했듯이 아들은 세상에 구주로 오실 때 택하신 신분이다. 그분이 구주로 오시지 않았으면 아들이라는 신분을 취할 이유가 없다. 기독교의 조직신학은 아들 곧 성자를 영원하신 아들이라고 설명하지만 성경은 그렇게 하지 않았다. 영존하시는 아버지라고 분명히 계시하였다. 그가 인류를 구원하기 위하여 사람으로 탄생하지 않았다면 결코 아들이라는 신분이나 이름을 취하실 이유가 없다.

예수님이 세상에서 자신을 하나님의 아들이라고 말씀 하실 때 이런 사실을 드러내신 것이다. 성경은 이런 사실에 대하여 잘 기록하였다.

"그는 근본 하나님의 본체시나 하나님과 동등 됨을 취할 것으로 여기지 아니하시고 오히려 자기를 비어 종의 형체를 가져 사람들과 같이 되었고 사람의 모양으로 나타나셨으매 자기를 낮추시고 죽기까지 복종하셨으니 곧 십자가에 죽으심이라"(빌 2:6~8).

근본 하나님의 본체이신 분이 동등 됨을 고집스럽게 주장하신 것이 아니다. 인류를 구원하기 위하여 자아를 비우시고 사람이 되셔서 하나님의 아들이라는 신분으로 세상에 오셨다. 그가 하나님의 아들의 신분을 취하심으로 그를 믿는 사람들이 그분 안에서 하나님의 아들의 신분을 취득할 수 있게 된 것이다. 그리고 성령께서는 성자가 이루신 구원의 모든 것을 사람들이 받아들이도록 감동하고 인도하는 역사를 맡으셨다. 물과 성령으로 거듭나게 하시고 예수 안에서 예수 이름으로 하나님의 자녀가 되는 권세를 누리도록 하신다.

이런 성경의 기록들은 예수께서 자신이 하나님의 아들이라고 주장하는 것이 구약성경에 이미 예언된 기록에 의한 것임을 증거 한다. 예수님은 확실히 하나님이시고 세상에 오셨을 때 하나님의 아들의 신분을 취하여 오신 것이다.

3. 출생의 신비

예수님은 동정녀에게서 출생하였다. 생리적으로 불가능한 일이다. 사람들이 이 기록을 믿지 못하는 이유이기도 하다. 그러나 성경은 창세기에서부터 구주의 탄생을 예언하면서 여자의 씨로 탄생할 것이라고 계시하였다.

"여자의 씨(후손)"라고 하였는데, 여자에게는 씨가 없다. 시속말로 여자는 밭일뿐이다. 그런데 창세기 3장 15절에는 여자의 씨라고 하였다. 이것은 남자의 씨가 아니라는 것을 분명히 가르치는 말이다. 모든 생명의 씨는 수컷이 가지고 있다. 사람은 남자가 가지고 있다. 여자는 씨가 없다. 그런데 여자의 씨라고 하였고, 뱀의 머리를 상하게 할 자는 여자의 씨로 탄생한다고 하였다.

여자의 씨가 무슨 뜻인가? 이 비밀을 아는 것이 성경의 종교를 아는 열쇠이다. 이것을 모르면 절대로 성경을 모르고 성경의 종교와 신앙을 알 수 없다. 오늘날 기독교가 변질된 중요한 이유가 바로 여자의 씨의 비밀을 모르기 때문이다.

창조주 여호와 하나님께서는 남자를 만드시고 코에 생기를 불어넣으시는 것으로 남자에게 생명을 맡기셨다. 남자가 생육하고 번성할 생명의 씨를 돕는 배필인 여자에게 심을 것이다. 그러면 여자는 그 생명의 씨를 잘 길러야 한다. 그래서 온전한 사람이 태어난다. 그런데 남자가 선악과를 먹었기 때문에 이 생명의 씨가 썩어질 씨가 되어버렸다(벧전 1:23).

이제 남자인 아담의 씨로 태어나는 사람은 한 사람의 예외도 없다. 다 썩어질 씨로 태어나게 되었다. 그들은 썩어져가는 구습(舊習)을 행하는 옛 사람들로 태어난다. 아무리 갓 태어난 아기라도 이미 옛 사람이다. 인류의 시조인 아담이 썩어질 씨 외에 다른 씨를 가진 것이 없기 때문이다.

창조주께서는 아담을 창조하시고 그에게 생기를 불어넣으시므로 아담에게 생명의 씨를 맡기셨다. 그리고 여자를 만들기 전에 선악을 알게 하는 나무의 실과를 먹지 말라고 명하셨다. 먹는 날에는 반드시 죽는다고 이유를 말씀하셨다. 이 말씀은 권고가 아니고 부탁도 아니고 명령이다. 창조주의 명령이다. 히브리어로 "차와"인데 이 말의 명사형이 "미차와"로 "계명"이라는 말이다. 그러니까 창세기 2장16, 17절의 말씀은 하나님께서 창조한 사람에게 최초로 주신 계명이다. 이것은 하나님이 주신 생명을 잘 지키라는 생명의 계명이다.

오늘날 많은 사람들에게 선악을 알게 하는 나무를 만든 이유가 걸림이 된다. 왜 만들었는가? 사람이 따 먹을 것을 분명히 알았을 창조주가 아닌가? 합리적인 대답을 기대하는 의문인데, 교회가, 신학자들이 시원한 대답을 못하고 있는 것 같다. 이유가 있다. 기독교가 성경을 성경대로 읽지 않고 인간의 생각으로 읽어서 교리가 변질되었기 때문이다. 선악을 알게 하는 나무와 그 열매를 먹는 날에는 죽는다는 하나님의 명령을 도덕론적 관점에서 풀이하면 해답이 없다. 성경은 도덕을 가르치려는 책이 아니다. 그런데 기독교는 역사적으로 성경을 도덕적 경전으로 풀이해온 것 같다. 그런 접근으로는 성경은 모순투성이 기록이 된다. 그러나 기독교는 아직도 이런 신학적 시각에 꽉 사로잡혀 있다. 그래서 성경의 가장 자비하시고 선하신 하나님을, 사람들의 뇌리에 아주 무서운 하나님으로 각인시켰다. 사단이 최대로 성공한 걸작 사상이다.

성경은 생명에 대하여 가르치는 책이다. 선악과 문제도 생명과 관계된 것이지 도덕과 직접적으로는 관계된 것은 아니다. 하나님께서 사람을 창조하시고 그에게 생기를 불어넣어 사람이 생명이 있는 존재가 되게 하셨다. 이것은 전적으로 창조주 하나님의 일방적인 선택이다. 창조한 사람도 하나님의 형상대로 창조된 하나님의 형상을 나타내는 사고방식이 있고 행동양식이 있게 된 것은 당연하다. 그런데 그의 존재와 생명에 대하여서만은 결코 사람의 선택이나 행동이 없었다. 창조주가 해놓은 대로 존재하게 되었을 뿐이다. 그러나 창조주는 그의 형상대로 창조한 사람을 존중하셨다.

　그래서 아담에게 창조주 하나님의 창조한 것을 수용하든지 거절 할 수 있는 기회를 허락하신 것이다. 거절하는 방법이 선악을 알게 하는 나무의 과실을 먹는 것이다. 먹는 것은 생명력을 증진시키는 것과 필수적인 관계를 가지고 있지 않는가. 그런데 먹으면 생명력을 손상시키는 것도 있다. 하나님께서는 생명력을 증진시키는 먹는 것과 관련하여 하나님이 주신 생명과 존재를 그대로 받아서 누릴 것인지 거절할 것인지를 결정할 수 있는 기회를 선악과로 주신 것이다.

　아담이 선악과를 먹으면 하나님이 창조해준 존재와 생명을 거절하는 결정이 되는 것이고, 선악과를 먹지 않으면 하나님의 창조를 그대로 수용하는 것으로 결정되는 것이다. 창조를 거절하면 그는 창조되지 않은 것과 같이 된다. 그것이 죽는 것이다. 선악과를 두고 하신 말씀은 바로 이 사실이다. 그래서 이것을 명령으로 주신 것이다. 생명과 존재 문제가 걸린 가장 중요한 사실이기 때문이다.

　그런데 사단의 개입으로 사람은 선악과를 먹었고, 창조주의 창조를 거절했다. 하나님이 주신 생명 유지 계명을 범한 것이다. 당연히 존재와 생명을 상실하고 창조되지 않았던 것과 같이 흙으로 돌아갈 수밖에 없다. 그러나 창조주의 입장은 사람의 입장과 다르다. 창조주 여호와 하나님은 사람을 자기 형상대로 창조하시고 생육하고 번성하라고 하셨다. 그러므로 창조주는 사람을 생육하고 번성하여 땅에 충만하게 되도록 해야 하는데, 처음 창조한 하나님의 형상대로 그렇게 되어야 한다. 사람이 그 존재를 영원히 상실하면, 즉 창조되지 않은 것과 같이 되면 생육하고 번성할 수 없다. 이런 상황에서 제시한 여호와 하나님의 계획이 구속의 계획이다. 구속은 아담이 창조되지 않은 상태로 돌아가는 -영원히 죽는- 대신에 누군가가 아담을 대신하여 존재하지 않은 상태로 돌아가 주는 것이다. 누가 그렇게 할 수 있다는 말인가? 그 일을 자청하신 분이 전능하신 하나님이요 영존하시는 아버지이신 삼위 여호와 중에 한 위이시다. 그 분이 아들의 위를 취하여 아담을 대신하여 죽기로 한 것이다.

그렇게 하려면 그분이 사람이 되어야 한다. 그분은 생명 자체이시고 창조주이시다. 그분은 생명을 다른데서 받아야 할 필요가 없다. 그러므로 생명의 씨를 맡은 남자를 빌릴 필요가 없다. 당신 자신이 생명의 씨가 되어서 동정녀를 통하여 몸을 입고 사람이 되어 탄생하시면 되는 것이다.

만일 아담으로부터 씨를 받아 태어난다면 그 씨는 썩어질 씨이고 사망의 씨이기 때문에 다른 아담의 후손들을 구원할 수 없다. 아담의 씨로 태어나는 사람은 한 사람의 예외도 없이 아담 안에서 죽은 자로 태어나기 때문에 대속할 자격이 없는 것이다. 그러므로 아담의 씨로 태어나는 사람은 결코 세상의 구주가 될 수 없다.

세상의 구주는 아담의 씨와 상관없는 생명의 씨로 사람이 되어 세상에 탄생해야 한다. 사람이 되지 않으면 사람의 죽음을 대신 죽을 수 없기 때문이다. 그래서 남자를 경험한 일이 절대로 없는 순결한 동정녀에게 자신의 생명이 씨가 되어 잉태해야 하고 그렇게 사람이 되어 탄생해야 한다. 여자의 후손(씨)이라는 말은 바로 이런 뜻을 계시한 말이다.

예수님이 처녀에게서 탄생하지 않았으면 그는 이미 아담의 씨로 태어난 것이기 때문에 이미 아담 안에서 죽은 자 일뿐이다. 결코 구주가 될 수 없다. 그것은 마치 사형수가 다른 사형수를 대신하여 죽어주겠다고 나서는 것과 같은 것이다.

예수님은 도덕 선생이 아니고, 또한 도덕적 모본이 되기 위하여 오신 것도 아니다. 그는 생명이고 아담 안에서 썩어질 씨로 태어나서 사망이 된 아담과 그의 후손들에게 생명을 주기 위하여 오셨다.

예수님은 전능하신 하나님이시고 영존하시는 아버지로서 생명 자체이기 때문에 그렇게 탄생하실 수 있다. 그 모든 계획을 예수님 자신이 하셨고, 계획한 대로 인류를 구원하기 위하여 이루실 일을 다 이루신 것이다. 여자의 후손이라는 계시의 말씀은 구주 예수의 탄생의 신비를 가르쳐주는 말이다.

창세기 3장 15절의 이 말은 성경 전체를 여는 마스터키(master key)이다. 이 말씀의 바른 뜻을 모르면 성경을 바르게 풀지 못하게 되어 있다. 오늘날 기독교가 이 말씀을 바르게 모르기 때문에 변질되었다. 예수 외에는 한 사람도 예외 없이 다 아담의 씨로 태어났다. 공자도 석가도 마호메트도 예외가 아니다. 예수의 모친 마리아도 예외가 아니다. 마리아 무원죄라는 말은 성경이 주장하는 죄를 도덕적으로 보는 그릇된 인식의 결정판이다. 마리아도 아담의 후손이기 때문에 역시 아담 안에서 죽은 자, 곧 썩어질 씨로 태어난 아담의 후손일 뿐이다. 그도 예수 안에서 생명을 얻지 못하면 역시 영원한 사망으로 존재를 완전히 상실하고 만다. 그러나 그는 그의 태를 빌려 탄생한 구주 예수를 철저히 믿었다. 그러므로 영생을 얻게 될 것이다. 그도 다른 아담의 후손과 같은 한 사람일뿐이다.

4. 예수님에 대한 구약의 예언들

구약성경에는 구주 예수님에 대한 많은 예언들이 있다. 출생의 신비는 가장 기본적인 예언이다. 출생의 신비에 대한 바른 이해가 없으면 예수를 바르게 알 수 없기 때문에 간단하게 설명을 한 것이다.

그 외의 많은 예언들은 지면 관계로 자세히 설명할 수 없다. 간단히 두세 가지만 훑고 지나가려고 한다.

1) 탄생할 장소 : 유대 땅 베들레헴(미 5:2)

2) 탄생할 예언적 가계 : 이 가계에 대하여서는 아주 세밀하게 예언하였다. 그는 아브라함의 가계에서 나오되 이삭, 야곱, 유다, 다윗으로 이어지는 가계에서 나와야 한다. 성경에 예언된 구절을 일일이 열거할 필요가 있다고 생각하지 않기 때문에 적지 않는다. 바울은 로마서에서 이 사실을 간단히 요약하고 있다.

"또한 하나님의 말씀이 폐하여진 것 같지 않도다 이스라엘에게서 난 그들이 다 이스라엘이 아니요 또한 아브라함의 씨가 다 그 자녀가 아니라 오직 이삭으로부터 난 자라야 네 씨라 칭하리라 하셨으니 곧 육신의 자녀가 하나님의 자녀가 아니라 오직 약속의 자녀가 씨로 여기심을 받느니라 약속의 말씀은 이것이라 명년 이 때에 내가 이르리니 사라에게 아들이 있으리라 하시니라 이뿐 아니라 또한 리브가가 우리 조상 이삭한 사람으로 말미암아 잉태하였는데 그 자식들이 아직 나지도 아니하고 무슨 선이나 악을 행하지 아니한 때에 택하심을 따라 되는 하나님의 뜻이 행위로 말미암지 않고 오직 부르시는 이에게로 말미암아 서게 하려 하사 리브가에게 이르시되 큰 자가 어린 자를 섬기리라 하셨나니 기록된 바 내가 야곱은 사랑하고 에서는 미워하였다 하심과 같으니라"(롬 9:6~13).

이 말은 정통 하나님의 백성의 형성에 대한 말씀이지만 또한 정통 하나님의 백성에서 구주가 오실 것이기 때문에 구주의 가계에 대한 기록도 된다. 바울은 갈라디아서에서 더 분명하게 말하였다.

"이 약속들은 아브라함과 그 자손에게 말씀하신 것인데 여럿을 가리켜 그 자손들이라 하지 아니하시고 오직 하나를 가리켜 네 자손이라 하셨으니 곧 그리스도라"(갈 3:16).

3) 고난의 생애 : 사람들에게 멸시를 받고 죽임을 당할 것이지만 부자의 묘실에 장사되고 부활할 것에 대하여 (이사야 52장 13~15절과 53장 전체와 여러 곳에 있다).

여자의 씨(후손)로 사람이 되어 탄생할 구주에 대한 예언은 구약성경 전체에 나타나 있다. 성경은 바로 이 사람 구주 한 분에 대한 것이 중심이 된 예언의 책이다. 사람의 도덕적 선행으로 속죄하고 사후에 영혼이 좋은 곳으로 가도록 하라는 종교들의 경전들과는 본질적으로 전혀 다른 이야기이다.

그런데 교회와 신학이 다른 종교의 가르침과 동일한 권선징악을 가르치는 경전으로 생각하기 때문에 기독교를 변질시킨 것이다.

예수님은 바로 이런 분이시다. 스스로 계신분이시기 때문에 세상에 사람으로 탄생하기 전에도 여호와 하나님의 한 개체로 계셨다. 신학에서 이것은 선재(先在)라고 한다.

요한복음 1장 1~18절은 예수님의 선재성을 장엄하게 선포하고 있다. 그분은 바로 하나님이신데, 육신이 되어 세상에 오셔서 하나님의 아들의 신분으로 생활하시고 아담과 그의 후손들을 사망에서 생명으로 옮길 수 있도록 십자가에서 아담의 죽음을 대신 죽으시고 부활하심으로 생명과 썩지 않을 것을 드러내셨다. 사망이 생명에 삼킨 바 된 것이다(고후 5:4).

그래서 그분이 부활이요 생명이며 길이요 진리요 생명이라고 주장한 것을 증명하셨다. 부활은 이런 주장을 증명한 사건이다. 부활하셨기 때문에 모든 사람이 그분을 구주로 믿을 수 있는 증거를 주신 것이다(행 17:31).

만일 예수께서 부활하지 않았으면 기독교는 거짓을 주장하는 종교일 수밖에 없다. 부활이 없으면 예수를 믿는 것은 헛된 일이다(고전 15:13~19, 32).

제4장
교회가 성립됨

1. 부활의 증거

예수님이 십자가에서 죽으시고 장사된 지 사흘 만에 부활하셨다. 성경의 종교는 예수께서 부활하셨다는 사실 위에 서 있다. 예수께서 부활하신 일이 역사적 사실이 아니라면 기독교는 신기루이다. 환상 일 뿐이다.

정말 예수가 부활했을까? 만일 예수님이 부활하지 않았다면 역사적으로 예수를 믿은 수많은 사람들은 다 사기를 당한 것이 된다.

모든 사기 중에 종교를 빙자한 사기가 가장 사악한 것이다. 사람의 미래를 담보로 하고 사기 치는 것이기 때문이다. 그것은 인간 존재와 생명 자체를 볼모잡는 것이다. 성경의 종교가 과연 그런 종교일까? 가능성은 언제든지 있다.

　이미 앞 장에서 말했듯이 예수의 교훈 중에 자기의 존재와 인격을 걸고 한 교훈이 예수의 교훈의 독특성이다. 그런 교훈은 사실이든지 새빨간 거짓이든지 둘 중 하나이다. 예수의 주장은 어느 쪽일까?
필자는 당연히 예수님의 주장이 사실이라고 확신하는 신자이다. 그러나 부활한 사실이 역사적으로 사실이라고 증명될 수 있을까?

　역사적 사건은 실험으로 증명되는 자연과학적 사건이 아니다. 기록으로 증거 하는 사건이다. 그러므로 기록을 불신하면 역사적 사건은 전부 불신의 사건이 된다.

　결국 성경의 기록을 역사적 사건으로 받아들이느냐 아니냐하는데 예수의 부활을 역사적 사건으로 믿느냐 아니냐가 달려 있다.

　성경은 믿을 만한 책인가를 확인하는데 해결의 열쇠가 있는 것이다. 성경의 기록을 믿을 수 있다면 성경에 기록된 부활이 역사적 사건으로써 사실이라는 것을 믿을 수 있다.

　하나님은 성경이 믿을 수 있는 기록이라는 것을 확인할 수 있는 장치를 성경 안에 이미 마련하셨다. 사람들이 의심하고 부정하고 믿지 않으려고 할 것을 아시기 때문이다.

　하나님의 장치가 바로 세상 나라들의 역사에 대한 예언이다. 하나님께서는 친히 말씀하셨다.

"네가 혹시 심중에 이르기를 그 말이 여호와의 이르신 말씀인지 우리

가 어떻게 알리요 하리라 만일 선지자가 있어서 여호와의 이름으로 말한 일에 증험도 없고 성취함도 없으면 이는 여호와의 말씀하신 것이 아니요 그 선지자가 방자히 한 말이니 너는 그를 두려워 말지니라"(신 18:21, 22).

또 예수께서도 친히 말씀하셨다.

"지금부터 일이 이루기 전에 미리 너희에게 이름은 일이 이룰 때에 내가 그인 줄 너희로 믿게 하려 함이로라"(요 13:19).

"이제 일이 이루기 전에 너희에게 말한 것은 일이 이룰 때에 너희로 믿게 하려 함이라"(요 14:29).

특히 역사적 사건에 대한 예언과 그 성취는 성경의 기록을 믿을 수 있도록 하는 장치이다. 그래서 믿는 사람들은 예언의 지도를 받아 믿음의 선한 싸움을 싸울 수 있다(딤전 1:18, 19).

예언의 지도를 올바르게 받지 않으면 성경이 가르치는 믿음을 올바르게 지킬 수 없게 된다.

역사적 사건에 대한 대표적인 예언이 다니엘서와 요한계시록이다. 다니엘서에 기록된 예언들은 역사에서 정확하게 성취된 사건들로 증명되었다. 증명된 사실을 여기서 일일이 밝히려면 그것만으로도 몇 권의 책이 될 것이기 때문에 밝히지 못하지만 알기를 원하면 다니엘서와 계시록 연구서들을 구하여 자세히 읽어보면 된다.

특히 제칠일안식일예수재림교회의 주석이나 연구서들을 구하여 읽으면 확인할 수 있다.

이런 주장은 성경의 기록은 믿을 수 있다는 말이다. 성경을 믿지 않으려는 사람들은 세상의 역사책들을 더 믿으려고 한다. 그러나 고고학이 발달하면서 성경의 기록이 세상 역사책의 기록보다 훨씬 더 정확한 역사적 사건의 기록이라는 것을 증명하였다.

2. 고고학적 부활

예수님 부활은 성경이 믿을 수 있는 책이라는 것이 확인되면 증명이 되기 때문에 성경의 신뢰성에 대한 이야기를 계속하려고 한다.

성경의 종교 밖에서는 세상의 역사의 기록을 성경의 기록보다 더 신뢰하려고 한다. 그래서 역사책에 기록되지 않고 성경에만 기록된 역사적 사실을 부정적으로 평가한다. 그런 예가 많다.

19세기에 성경에 대한 고등비평이 일어나면서 교회 안에서 성경의 기록을 부정하는 운동이 교회와 신학계를 거세게 휩쓸었다. 이런 사건도 기독교를 변질시키는데 지대한 공을 세웠다.

벨하우젠(Julius Wellhausen, 1844~1918)이라는 독일 신학자가 모세오경을 신랄하게 비평한 저서를 출판하면서 그 기세가 절정에 이르렀다. 그는 육경서설이라는 책을 출판했는데, 모세오경과 여호수아서를 포함하여 육경이라고 하고 그것이 역사적인 사건도 아니고 모세의 저작도 아니고 네 가지 문서들을 모아서 짜깁기씩으로 맞춘 퍼즐 책이라고 한 것이다. 오경에 기록된 사회상은 기원전 600년대의 사회에다가 기원전 2000년경의 사람을 등장시킨 소설 같은 내용이라고 하면서 아브라함이나 이삭이나 야곱 시대에 중동지역에 그런 사회상이 없었다고 주장했다. 참 신기한 일이 아닌가. 자기가 믿고 있는 종교의 경전을 그렇게 거짓 기록이라고 주장하는 그것은 어떤 심리인가? 사실을 밝히는 용기라고 생각했을까? 그 주장이 사실이 아니라면 그런 주장을 함으로 자기가 믿고 있는 종교와 신앙을 얼마나 훼손하는 것인가. 그러고도 기독교 신학자라고 하면 참 웃기는 일이 아닐까? 아무튼 이런 일들이 성경의 종교를 엄청 변질시켜서 성경의 종교가 아닌 그냥 기독교가 되게 하는데 크게 일조하였다.

벨하우젠 뿐만 아니라 그의 주장을 옹호하고 추종하는 사람들도 성경에 기록된 역사적 사건 중에서 세상 역사책에 기록이 없는 것은 성경 기자가 상상으로 만든 사건이라고 공격하였다.

대표적인 것이 이사야 20장 1절에 기록된 앗수르 왕 사르곤이다.

사르곤은 앗수르 역사에 전혀 기록되지 않은 왕이다. 이 왕에 관하여 얻을 수 있는 자료는 이사야 20장 1절에 나오는 이 기록뿐이었다. 그래서 비평가들은 이사야서의 이 기록을 허구라고 주장하였다.

그러나 보타(Paul Emile Botta, 1802~1870)가 1843년에서 1845까지 코르사바드(Khorsabad)에서 실시한 발굴 과정에서 사르곤의 왕궁을 발견하였고, 더욱이 사르곤이 아주 유력한 왕이었음을 기록한 점토판들을 찾아냄으로써 이사야서의 기록은 역사적으로 정확하다는 것이 증명되었다. 세상 역사보다 성경의 기록이 훨씬 더 역사적 사실이라는 것이 증명된 것이다. 학자들은 이런 경우를 고고학적 부활이라고 표현한다.

이 사건뿐만이 아니다. 다니엘 4장의 느부갓네살이 바벨론을 건설했다는 기록을 허구라고 주장했지만 고고학적으로 사실이라는 것이 확인 된 것, 바벨론 마지막 왕 벨사살에 대한 것, 소돔과 고모라가 실재했다는 사실 등 성경에 기록되었으나 역사에 기록이 전혀 없는 역사적 사건들이 고고학의 발굴로 역사적 사실이라는 것이 증명된 예는 많다.

당연히 벨하우젠이 기원전 2000년경의 사회상이라고 할 수 없다는 주장을 한 창세기의 풍습들이 사실이었다는 것 또한 누지 발굴로 확인되었다. 고등 비평가들은 이런 기록들이 사실이 아니라는 주장을 이제는 접어 넣었다. 성경은 이렇게 되어야 할 것을 예언적으로 말하였다.

"땅에게 말하라 네게 가르치리라" (욥 12:8).

"대답하여 가라사대 내가 너희에게 말하노니 만일 이 사람들이 잠잠하면 돌들이 소리 지르리라 하시니라" (눅 19:40).

정말 땅이 말하고 돌들이 소리쳐서 성경의 기록들이 역사적으로 사실이라는 것을 증명하였다. 성경의 기록은 믿을 수 있는 것이다.

최근 인터넷 블로그에서 마태복음 2장에 기록된 헤롯의 영아 학살 사건은 역사에서 전혀 그 기록을 찾을 수 없는 것이기 때문에 헤롯을 악한 왕으로 만든 것은 허구라고 주장하는 글을 읽은 기억이 있다. 이것도 역사책에 기록이 없기 때문에 성경의 기록은 엉터리라고 주장하는 내용 아닌가. 세상에 일어나는 모든 일이 역사책에 다 기록되는 것은 아니다. 왕이 한 일이기 때문에 다 기록되는 것도 아니다. 성경에 기록된 것은 하나님께서 성경에 기록할 필요가 있다고 보시는 사건을 사도와 선지자들에게 계시와 영감으로 가르쳐주시고 기록하게 하신다(딤후 3:16, 벧후 1:20, 21).

그 중에는 역사책에 기록될 만한 사건도 있고 역사책에 기록될 만하지 않지만 하나님이 하시는 구원의 복음을 증거 하는데 필요한 사건도 있다. 그런 것은 아무리 소소한 것일지라도 기록하게 하신다. 헤롯이 영아 학살 사건을 실록에 기록할 마음이 있었겠는가. 그렇다고 주위의 사관들이나 다른 사람들도 당시로서는 그리 기록할만한 사건으로 여기지 않았을 것이다. 아마도 베들레헴이 아주 작은 마을이었기 때문일 것이다. 성경도 베들레헴은 작은 고을이라고 했다. 미가서 5장 2절은 이렇게 기록하였다.

"베들레헴 에브라다야 너는 유다 족속 중에 작을지라도 이스라엘을 다스릴 자가 네게서 내게로 나올 것이라 그의 근본은 상고에 태초에니라." 베들레헴은 작은 고을이었다.

예수 출생 당시에 그 마을에 2살 이하 남자 아이들이 몇 명이나 출생했을까? 작은 고을이라면 호수(戶數)가 얼마나 되었을까? 30호, 50호 100호까지도 안 되었을 것이다.

옛날 우리나라 시골 마을들을 생각해보라. 필자가 어린 시절에만 해도 40호만 되어도 큰 마을로 여겼다. 그런데 그때는 기원전 4~5년경이다. 그런데 베들레헴은 작다고까지 하였다. 그러니까 그 마을에 두 살 이하의 남자 아이의 수가 5명, 아니면 10명, 10명도 안 되었을 것이다. 군인들이 와서 10명도 안 되는 적은 수의 영아들을 살해한 사건이 역사책에 기록될만한 사건이라고 생각되는가?

그러나 하나님께서는 그것을 기록할 필요가 있다고 보셨기 때문에 기록하게 하신 것이다. 그것은 메시야가 탄생할 때 일어날 사건으로 예언되었기 때문이다. 그 예언이 어떻게 성취되었는지를 알게하기 위한 것이다. 그것은 예수가 메시야라는 것을 증거 하는 사건이기 때문이다. 그러므로 복음과 그 사실을 모르는 사람들이 자기 생각으로 성경의 기록을 함부로 전단(專斷)하는 것은 두려운 일이다.

이런 이야기들을 다 찾아 쓴다는 것은 부질없는 일일 수 있다. 하고자 하는 말은 성경의 기록은 역사적으로도 종교적으로도 다 사실이라는 것이다. 그러므로 성경의 기록들은 정말 믿을 수 있는, 살아계시고 영원하신 하나님께서 친히 저술하신 책이다.

예수님이 부활하신 사실은 진실로 믿을 수 있는 역사적 사건이다. 성경의 종교는 이 사실 위에 세워졌다. 그러므로 예수의 부활이 사실이 아니라면 성경의 종교는 무너진다. 바울은 이렇게 말한다.

"이는 정하신 사람으로 하여금 천하를 공의로 심판할 날을 작정하시고 이에 저를 죽은 자 가운데서 다시 살리신 것으로 모든 사람에게 믿을 만한 증거를 주셨음이니라 하니라"(행 17:31).

예수의 부활이 모든 사람이 예수를 믿을 수 있는 증거라고 한 것이다.

성경의 사도행전은 '예수 부활 증거행전'이다.

　부활하신 후에 오순절에 성령께서 임하시고 제자들이 교회를 설립할 준비를 완료하게 되었고, 본격적으로 전도하기 시작하였다. 그래서 예수께서 반석 위에 내 교회를 세운다고 하신 말씀이 이루어지게 되었다.

　예수님의 부활과 성령의 강림이 없었으면 성경의 종교, 일반적으로 말하는 기독교, 또는 그리스도교는 세상에 존재하지 못하였을 것이다.

　부활과 성령강림, 이것은 성경의 종교가 세상에 있게 된 기초이다.

　이 외에도 중요한 것이 있는데 마지막 장에서 다시 이야기 할 것이다.

제5장
핍박과 정복

1. 유대인의 핍박

　교회가 성립되고 예수가 신앙의 대상으로 힘차게 전파되기 시작할 때에 유대 나라의 종교 지도자들은 위험을 느끼게 되었다. 그들이 십자가에 죽인 예수가 구세주라고 전파되고 예수의 무식한 제자들이 기탄없이 말하고 자기들은 감히 꿈도 못 꾼 이적들을 행하니까 위협을 넘어 공포를 느끼게 되었을 것이다.
　당연히 기득권을 유지하기 위하여 방어 자세를 취할 수밖에 없었을 것이다. 그것이 공격적 방어, 곧 핍박으로 나타났다. 유대인의 지도자들은 예수를 핍박하였다. 예수께서는 그들에게 해를 끼친 것이 없었다. 다만 그들이 성경을 올바르게 이해하지 못하고 있다는 것을 지적하였을 뿐이다. 성경이 계시한 진정한 뜻을 깨닫고 하나님께로 돌아오라고 호소한 것이다. 그러나 유대 지도자들은 그들이 잘못 이해하고 있다는 사실을 인정하지 않았다.

그런데 예수는 가르칠 뿐만 아니라 이적도 행하였다. 말로만 가르치는 것이 아니고 그 가르침을 이적으로 증명하고 있었던 것이다. 유대 종교 지도자들은 그런 예수와 경쟁할 엄두를 낼 수 없었다. 그러니까 권력으로 예수를 억압하려고 하는 발상은 그들의 처지에서는 당연한 것이었다. 결국 그들은 예수를 십자가에 못 박아 죽였다.

그러나 그 후가 더 문제였다. 예수가 그의 공언대로 부활하였기 때문이다. 종교 지도자들은 부활이 터무니없는 것이라고 생각하였다. 그런데 예수가 부활에 대하여 확고하게 선언했기 때문에 아마도 제자들에게 시체를 도적질하게 하고 부활했다고 소문을 내도록 가르쳤을 것이라는 생각을 했던 것 같다. 그래서 빌라도에게 가서 제자들이 시체를 도적질하지 못하도록 무덤을 지키는 파수꾼을 파견하라고 요청했다.

"그 이튿날은 예비일 다음 날이라 대제사장들과 바리새인들이 함께 빌라도에게 모여 가로되 주여 저 유혹하던 자가 살았을 때에 말하되 내가 사흘 후에 다시 살아나리라 한 것을 우리가 기억하노니 그러므로 분부하여 그 무덤을 사흘까지 굳게 지키게 하소서 그의 제자들이 와서 시체를 도적질하여 가고 백성에게 말하되 그가 죽은 자 가운데서 살아났다 하면 후의 유혹이 전보다 더 될까 하나이다 하니 빌라도가 가로되 너희에게 파수꾼이 있으니 가서 힘대로 굳게 하라 하거늘 저희가 파수꾼과 함께 가서 돌을 인봉하고 무덤을 굳게 하니라"(마 27:62~66).

그러나 이것은 그들이 부활을 더욱 확실하게 증거 하는 일을 한 결과가 되었다. 예수 부활의 제 1증인이 바로 그 파수꾼들이었기 때문이다. 파수꾼을 세우지 않았으면 제자들이 거짓말한다고 주장할 수가 있었을 것이다. 그러나 그들이 세운 파수꾼이 증인이 되었으니 꼼짝할 수 없는 그들의 꼼수에 얽히고 만 것이다.

두려움으로 주눅이 들어 있던 제자들이 예수의 부활을 두려움 없이 전파하자, 유대 지도자들의 설 자리는 점점 좁아졌다. 원래 학문 없는 무식한 자로 알았던 베드로와 그의 동료들이 막힘없이 진리를 증거 하는 말을 들으니 할 말이 없었다. 결국 그들이 가진 권력으로 제자들을 침묵 시키는 방법을 택할 수밖에 없었다. 예수의 제자들이 행하는 이적들은 민중들에게 대단한 인기였다.

사도행전에는 유대의 지도자들이 예수를 따르는 무리들을 핍박한 내용이 잘 기록되어 있다. 그러나 아주 대표적인 사례들만 기록하였다. 그들이 제자들을 윽박지르고 잡아 가두고 채찍질하고 모든 수단을 동원해도 예수의 도의 전파는 움츠러들지 않았다. 베드로를 옥에 가두었는데, 쥐도 새도 모르게 사라졌다. 회당에서는 예수의 제자들과 유대 지도자들 사이에 열띤 토론이 벌어졌지만 성령의 능력으로 인도를 받는 예수당의 논리를 반박할 수 없었다. 그리하여 사울이라는 유대교를 지나치게 열정적으로 믿는 젊은이를 앞세우고 스데반을 돌로 쳐 죽이고 그 기세를 타고 핍박의 범위를 넓혀가기 시작하였다.

요한의 형인 야고보를 처형했어도 이 지칠 줄 모르는 능력의 도리는 요원의 불길처럼 퍼져나갔다. 핍박은 예수의 제자들을 예루살렘을 떠나서 유대 전역과 사마리아 지역으로 확장시켰다.

그것을 견디지 못한 유대 지도자들은 스데반을 죽이는데 공로를 세운 사울에게 공문을 주어 유대지방 밖으로 핍박의 범위를 확장하려고 했다. 그러나 사울이라는 청년은 교회를 핍박하기 위하여 다메섹으로 가던 중에 부활한 예수를 직접 만나고 오히려 예수의 사도 바울이 되어 예수를 증거 하는 투사가 되었다.

이제 예수의 도는 유대를 넘어 소아시아와 유럽으로 건너가게 되었다. 예수께서 친히 명령하신대로 예루살렘과 온 유대와 사마리아와 땅 끝까지 이 도리가 퍼져나가게 된 것이다.

2. 제국로마의 핍박

예수의 교훈, 곧 구원과 부활의 도리가 유대 지경을 넘어 유럽으로 넘어가자 이 신기한 새 도(道)에 대하여 많은 논쟁이 벌어지게 되었다. 바울은 이방인의 사도가 되어 온 세상에 이 도리를 편만하게 증거 하였다.

"이 일로 인하여 내가 예루살렘으로부터 두루 행하여 일루리곤까지 그리스도의 복음을 편만하게 전하였노라"(롬 15:19).

"이 복음은 천하 만민에게 전파된 바요 나 바울은 이 복음의 일꾼이 되었노라"(골 1:23).

다신교를 용납한 로마제국은 처음에 예수의 도리가 전파되고 교회가 설립되는 것을 예사로 보았다.

기원 후 64년에 로마의 대 화제로 로마 시의 3분의 2 이상이 소실되는 대 참사가 일어나자, 민중들은 네로 황제가 불을 질렀다고 아우성이었다. 네로와 그의 측근들이 이 책임을 그리스도 교회에 떠넘기면서 대대적인 핍박의 폭풍이 불어 닥쳤다. 이것은 센키비치의 소설 쿼바디스에 잘 묘사되어 있다.

그러나 이것은 약과였다. 성경의 종교와 신앙이 파죽지세로 퍼져나가는 그 시기에 로마 황제는 자신을 주와 신으로 경배하라고 주장하게 되었다. 특히 도미시안 황제 때에 와서 황제숭배가 더욱 기승을 부리게 되었다. 그리스도인들은 성경의 하나님 외에는 결코 숭배할 수 없었다. 당연히 로마 당국으로 부터 핍박을 받게 되었다.

많은 지도자들이 순교 당하였다. 사도 중에 가장 늦게까지 지도자로 충성한 사도요한도 핍박을 피할 수 없었다. 전해오는 이야기에 의하면, 그를 끓는 기름 가마에 넣었으나 죽지 않았기 때문에 밧모 섬으로 유배를 보냈다고 한다. 요한은 밧모 섬에서 계시를 보고 요한계시록을 기록하였다.

교회가 확장되어 가는 것과 핍박이 극심하여 가는 것은 비례하였다. 존 폭스의 순교자 열전은 그리스도교의 신자들이 얼마나 잔인하게 죽임을 당했는지 생생하게 증언하고 있다. 그 중에 제국 로마의 10대 핍박은 유명하다. 그것을 적어보면 다음과 같다.

1) AD. 64년의 로마 대화재(7주간 동안 14개 구역 중 10개 구역이 불탐)를 유대인들과 기독교인들의 탓으로 돌리고 핍박했다. 역사가 타키투스는 네로가 그리스도인들을 오락에 이용했다고 기술했다. 짐승 가죽을 입혀 개에게 던지고, 기름을 뒤집어 씌워 밤새 불을 켜서 소위 인촉(人燭)이라고 했다. 타키투스는 또 네로 황제가 자신의 변덕을 만족시키기 위하여 박해했다고 말했다. 이때 바울과 베드로가 순교했다.

2) 90-96, 도미시안(Domitian) 황제 때의 핍박이다. 이 핍박은 주로 로마와 소아시아지방에 집중되었는데, 그 지역에 그리스도인들이 많았기 때문이라고 생각된다. 황제를 주님으로 경배하라는 명령을 거역한 것이 핍박의 주 이유이다. 황제의 신상에게 절하지 않는 그리스도인들을 핍박했다. 이때 요한을 밧모로 귀양 보냈다. 이 시기에 황제의 사촌도 순교했다고 기록되었는데, 이름은 전해오지 않는 것 같다. 그리고 안드레, 마가, 오네시모, 로마의 클레멘트 등이 순교했다.

3) 98-111, 트라얀(Trajan) 황제 때이다. 당시 비두니아 총독 플리니가 황제에게 보내는 편지 내용을 보면, 기독교인들을 끝까지 확인하여 진실된 그리스도인들을 사형했다는 것을 알 수 있다. 이때부터 기독교인

들을 처형하는 관습이 생겨나게 되었는데, 트라얀은 최초로 교회핍박을 합법화한 황제이다. 그의 로마 정부는 자연재해까지도 그리스도인들의 잘못으로 인해 일어났다고 하면서 박해를 하였다. 트라얀 황제 때의 유명한 순교자는 안디옥의 감독인 이그나시우스와 시므온, 소지무스, 루푸스 등이 있다.

4) 117-138, 하드리안(Hadrian) 황제 때이다. 지역에 따라 산발적으로 핍박이 있었는데 근거는 트라얀 황제가 합법적으로 핍박하게 한 정책이었다. 이때는 기독교인에 대해서 거짓 증거하는 사람도 처벌했다. 기독교인을 모른다고 하거나, 그 사람은 기독교인이 아니라고 했다가 발각되면 처형한 것이다. 그가 비록 교인이 아니었어도 처벌했다. 이 때 순교자로는 텔레스포루스의 이름이 있다.

5) 161-180, 마르쿠스 아우렐리우스(Marcus Aurelius)황제 때이다. 이 황제는 스토아 철학자였기 때문에 기독교의 부활 신앙을 미신으로 여겼다. 그는 로마의 다섯 현명한 황제, 곧 오현제의 한 사람이었으나, 그런데 기독교를 핍박했다. 그의 명상록은 세계의 고전이다. 그러나 그는 자기 사상에 취하여 성경의 신앙을 전혀 이해하려 하지 않고 교회를 핍박했다. 이때도 자연재해의 원인이 기독교인들때문이라고 비난했다. 이때 이름을 남긴 순교자에는 저스틴 말터, 포티누스, 블랜디나 등이 있다.

6) 202-211, 셉티무스 세베루스(Septimus Severus) 황제 때이다. 이때는 기독교로 개종이 금지되었다. 핍박 기간에 개종하는 사람들이 얼마

나 있었는지 모르지만 개종을 금지하고 교회를 핍박했다. 이때의 순교자로는 레오니다스, 이레니우스, 페르페투아 등이 있다.

7) 235-251, 트레치안 막시미누스(Maximinus) 황제. 그는 기독교 성직자를 처형하라고 명령하고, 기독교인들이 암살당했던 전임황제를 지지했다는 이유로 핍박했다고 한다. 이때의 순교자로는 우르술라, 히폴리투스 등이 있다.

8) 249-251, 데키우스(Decius) 황제 치하이다. 처음으로 제국 전역으로 박해가 번졌다. 황제 신 외의 다른 신에게 경배를 금지하고 열정적으로 이교를 신봉하면서 기독교를 박멸하려고 했다. 순교자로는 파비아누스, 예루살렘의 알렉산더가 있다.

9) 257-260, 발레리아누스(Valerianus) 황제 치하이다. 기독교인의 재산을 압수하고, 기독교인의 집회를 금지했다. 오리겐, 키프리안, 식스투스 2세 등이 순교했다.

10) 303-311, 디오클레시안 황제 치세이다. 이때도 로마제국 전체에 박해를 가했다. 모든 예배 처소와 기독교 관련 서적을 불태울 것과 모든 시민은 자신들의 우상을 섬길 것을 강요하는 칙령을 발표하였다. 그 후 동로마의 황제 갈레리우스(305-311)가 약 6년간 박해를 하였으나, 충이 먹어 고통이 심하자 기도해 달라는 등의 말을 하는 등 박해를 완화하여 311년에 기독교 핍박을 중지하게 하였다. 이것이 나중에 콘스탄틴 황제의 기독교 공인(公認)에까지 연결된 것이라고 볼 수 있다.

콘스탄틴 황제가 기독교 신앙 자유를 선언한 밀라노 칙령(313)이 발표되기 전까지 기독교, 성경의 종교의 역사는 피의 역사이다. 엄청나게 많은 사람들이 예수님을 위하여 자기 목숨을 내어놓기를 두려워하지 않았다.

3. 교권 로마의 핍박

 이런 핍박은 당시 상황을 살피면 그럴 수 있었겠다는 생각이 들지만 전혀 납득이 되지 않는 핍박도 있었다. 그것은 교회가 정치적 권력을 잡고 그들이 주장하는 교회의 가르침을 반대하는 교인들을 핍박한 것이다. 그것이 교권로마의 핍박이다. 이 기간 동안 핍박으로 죽임을 당한 수는 어림잡아 5천만이 넘을 것이라는 것이 교회역사가들의 의견이다.
 종교가 정치권력을 잡으면 자기들의 교리를 국민들에게 강요하게 되는 것이 정교연합의 생리이다.
 역사를 살펴보라.
 종교가 정치권력을 잡았을 때, 그 종교의 교리를 받아들이지 않고 그들이 가르치는대로 신앙하지 아니한 사람들을 핍박하지 않은 종교가 있었는가. 일일이 살펴보지 않았지만, 아마도 없을 것이다. 이슬람 국가들을 보라. 이슬람 교리가 국법이 되어 있지 않는가. 종교와 신앙이 국가에 충성 여부와 연결되어 있기 때문에 종교에 충성하는 것이 곧 국가에 충성하는 것이고, 국가에 충성하려면 국권을 잡고 있는 그 종교를 신봉하지 않으면 안 되게 되는 것이다. 이런 상황이 바로 중세 기독교가 세상을 지배할 때의 상황이다.

이들이 핍박하는 근거는 "이단"이라는 죄목이다. 교회 당국이 이단이라고 판정하면 그 집단은 죄인이 된다. 소탕되어야 하는 것이다. 흔히 중세의 마녀사냥이라는 표현이 바로 이런 분위기에서 생겨났다.

예수님은 이런 일이 있을 것이라고 예언했다.

"내가 이것을 너희에게 이름은 너희로 실족지 않게 하려 함이니 사람들이 너희를 출회할 뿐 아니라 때가 이르면 무릇 너희를 죽이는 자가 생각하기를 이것이 하나님을 섬기는 예라 하리라 저희가 이런 일을 할 것은 아버지와 나를 알지 못함이라"(요 16:1~3).

이 예언은 기가 막히도록 역사에서 이루어졌다. 정말 중세 교권 정치는 이단을 처형하는 것이 예수를 잘 믿는 예라고 한 것이다. 존 위클리프는 교황권의 잘못을 지적한 죄로 죽은 후에 부관참시(剖棺斬屍)를 당했고, 얀 후스나 그의 동료 제롬역시 화형을 면하지 못했다. 이 사람들은 다 교권 로마의 교리와 신조 중에 성경과 일치하지 않는 것을 반대하고 오직 성경대로 믿는 신자들이었다.

그런데 교권은 이들을 이단이라는 이름으로 처형한 것이다. 왈도의 무리들을 박멸하기 위하여 십자군을 동원하여 색출하고 죽였다. 왈도는 프랑스 리용의 부유한 상인이었다. 그는 자기가 읽을 수 있는 언어로 성경을 번역하게 하였고, 그 성경을 읽다가 감동을 받아 자기 재산을 가난한 자들에게 나누어주고 그들에게 장사하는 도리를 가르쳐주어서 생계를 해결하게 하였다. 그들은 행상들이 되어서 동네마다 장사를 다니면서 그들의 말로 번역된 성경을 읽어주어서 성경대로 믿는 많은 추종자들이 생겼다.

교권 로마는 이것을 견디지 못했다. 그들의 존재와 활동 자체가, 교권 로마의 교회가 성경말씀대로 가르치지 않고 다른 교리를 가르치는 것을 책망하는 것이 되기 때문이었다.

왈도의 가르침을 따르는 신앙인들을 왈도의 무리, 곧 왈덴스라고 한다. 그 무리들은 한 때 100만 명에 달하였다. 그러나 그들은 교권 로마에 의하여 박멸되다시피 하였다. 죄목은 이단이다. 정말 그들은 정직하고, 성실하고, 이웃을 사랑하고, 유익하게 하는 선한 시민들이었다.

종교개혁이 있은 후에도 교권로마는 개신교회를 핍박하고 개혁 세력들을 박멸하는데 열을 올렸다.

프랑스의 성 바돌로메 날 학살 사건은 유명한 역사적 사건이다. 엄청난 수의 신실한 성경적 신앙인들이 죽임을 당했다. 그래서 교권교회는 성도들의 피에 취하여 비틀거렸다. 요한계시록에는 이 사실이 상징적으로 예언되어 있다.

"곧 성령으로 나를 데리고 광야로 가니라 내가 보니 여자가 붉은 빛 짐승을 탔는데 그 짐승의 몸에 참람된 이름들이 가득하고 일곱 머리와 열 뿔이 있으며 그 여자는 자주 빛과 붉은 빛 옷을 입고 금과 보석과 진주로 꾸미고 손에 금잔을 가졌는데 가증한 물건과 그의 음행의 더러운 것들이 가득하더라 그 이마에 이름이 기록되었으니 비밀이라, 큰 바벨론이라, 땅의 음녀들과 가증한 것들의 어미라 하였더라. 또 내가 보매 이 여자가 성도들의 피와 예수의 증인들의 피에 취한지라 내가 그 여자를 보고 기이히 여기고 크게 기이히 여기니"(계 17:3~6).

성도들의 피에 취한 붉은 빛 짐승을 타고 있는 이 여자는 국가를 타고 있는 교회를 표상한다. 성경의 예언은 많은 경우 상징과 표상으로 주어졌다. 그 해석은 성경 여기저기 산발적으로 흩어놓아서 연구하는 자가 정직하게 하나님의 뜻을 행하려는 마음으로 연구할 때 성령께서 성경에서 그 해석을 찾도록 이끄신다. 예언적 상징들을 성경이 해석한 것을 찾아보면 짐승은 국가를 표상한다.

"넷째 짐승은 곧 땅의 넷째 나라인데"(단 7:23).

계시록의 붉은 빛 짐승도 나라이다.

붉은 색깔은 계시록 12장에 나오는 용의 색깔이다. 그러니까 용의 정신을 가지고 있는 나라이다. 그리고 여자는 상징적으로 교회를 나타낸다.

에베소서 5장 22~32절을 읽으면 여자가 교회를 상징한다는 것을 단번에 알 수 있다. 그런데 계시록 17장의 여자는 음녀(淫女)라고 하였다. 남편을 두고 다른 남자를 따르는 여자이다. 이 여자는 창녀가 아니고 음녀이다. 음녀에 대한 성경의 해석은 이렇다.

"간음하는 여자들이여 세상과 벗된 것이 하나님의 원수임을 알지 못하느뇨 그런즉 누구든지 세상과 벗이 되고자 하는 자는 스스로 하나님과 원수 되게 하는 것이니라"(약 4:4).

 중세 교회는 세상의 정치적 권력을 거머쥐었다. 성경의 해석대로 음녀가 된 것이다. 그 정치권력은 제국로마의 권력이다. 이 음녀가 된 교회는 제국로마를 타고 있다. 나라를 타고 있는 교회라는 말이다. 그래서 그 교회는 지금도 로마의 이름을 달고 있다. 로마를 타고 있기 때문이다. 그 음녀가 성도들의 피에 취한 것이다. 진리를 바르게 따르는 예수 그리스도의 충성스러운 성도들을 핍박하여 많은 피를 흘렸다는 말이다. 정말 이들은 계시록의 예언을 기막히게 이루었고 예수님의 경고를 기막히게 성취하였다.

 계시를 본 요한은 기이하게 생각했다. 교회가 교회를 핍박하고 있으니 기이할 수밖에 없다. 지금도 다수 교인을 가진 교단이 자기들과 신조가 다른, 그러나 성경대로 주장하고 증거하는 소수 교단을 자기들과 다르게 가르친다는 이유로 이단이라고 단죄하고 핍박하고 있다. 철저하게 성경으로 검증하여 성경과 일치하지 않는 신조와 교리를 가르치면 그것은 이단이다.

 그러므로 그 가르침이 성경과 온전히 일치하는지 여부를 철저히 살피는 일이 선행되어야 한다. 성경과 일치하지 않은 교리와 신조가 있다면 그것은 분명 이단이다. 그러나 그들을 핍박하는 대신에 진리를 바르게 가르쳐주는 것이 참 교회가 할 일이다.

 그 증거를 받아들이지 않으면 심판은 하나님이 하신다. 최종적인 것은 하나님께 맡겨야 한다. 교회는 허물진 사람을 권고하고 그래도 받아들이지 않으면 교회에서 떠나가게 하면 된다. 물론 그가 교회의 권고를 받아들이면 당연히 사랑으로 연합해야 한다.

그러나 기어이 교회의 권고를 거절하고 성경과 일치하지 않는 주장을 고집하면 교회에서 내보내고 밖의 사람으로 치부하면 된다. 형벌은 교회가 하는 일이 아니다.

"입법자와 재판자는 오직 하나이시니 능히 구원하기도 하시며 멸하기도 하시느니라 너는 누구관대 이웃을 판단하느냐"(약 4:12).

"그러므로 때가 이르기 전 곧 주께서 오시기까지 아무것도 판단치 말라 그가 어두움에 감추인 것들을 드러내고 마음의 뜻을 나타내시리니 그 때에 각 사람에게 하나님께로부터 칭찬이 있으리라"(고전 4:5).

교회는 교인들을 진리로 인도할 책임과 권리가 있다. 그러나 그릇 행하는 자들에게 잘못한다고 말해 줄 수는 있어도 세상 권세가 하는 것과 같은 형벌은 교회의 몫이 아니다.

교권 로마 시대, 곧 역사에서 말하는 암흑시대에 진리를 따르는 성도들을 핍박하는 이야기를 희곡으로 쓴 사람이 있다. 칼 쉔헤어(Karl Sch.nherr)이다. 그는 오스트리아 사람인데 토착민의 신앙으로 인해 이 세상에서 고난을 겪는 내용인 비극〈신앙과 고향〉을 집필하여 1910년에 발표하였고, 독일어를 사용하는 나라들에서는 어디서든지 호평을 받으며 상연되었다. 내용은 1620년경 반종교개혁의 바람이 티로올 지방에 불어온 사실을 취재한 것인데, 극의 줄거리는 개신교도들이 핍박당하여 자기 고향에서 추방되는 것이다. 물론 이것은 희곡 전체의 이야기는 아니다. 그 이야기를 보면 성경을 가지고 있는 것만으로도 죄가 되었고, 십자군들은 집집마다 수색하여 성경이 발견되면 종교재판에 붙이고 판사는 고향에서 추방하라는 선고를 하고 강제로 추방한다는 내용이다.

 교권교회의 신조를 받아들이지 않고 성경 자체의 가르침대로 신앙하는 사람들을 교회가 그렇게 핍박한 것이다. 교회라는 이름으로 정치권력을 잡고 있기 때문에 자기들과 다르게 성경을 가르치고 믿는다는 이유로 그렇게 핍박하였다.

 피에 취할 정도로 핍박한 것이다.

 이 시대를 암흑시대라고 하는데, 그것은 암흑의 권세가 세상을 지배하고 있다는 것을 잘 드러내는 역사적 표현이다.

 암흑의 권세는 마귀가 잡고 있다. 중세 암흑시대의 교회를 누가 잡고 있었는지 잘 드러내는 표현이다. 이런 역사적 사건을 겪으면서 기독교는 성경이 가르치는 것과 다르게 변질 되었다.

제6장
성경과 문화

1. 문화

신앙은 사회 문화에 영향을 받는 것일까?

받아야 하는 것일까?

성경의 기록은 기록 당시의 문화적 영향을 받았을까?

이런 문제는 생각해볼만한 것이 아니겠는가. 문화 영향, 이것은 정말 엄청난 것이다. 이 세상에 사는 사람들은 한 사람도 문화 영향을 받지 않은 사람이 없다고 하는 것이 사실일 것이다.

문화 영향에 대하여 말하려면 문화가 무엇인지 정의가 필요하다.

문화(文化)【명사】
• 인지가 깨고 세상이 열리어 밝게 되는 일.
• 인간 사회가 자연 상태에서 벗어나 일정한 목적 또는 생활 이상을 실현하려는 활동의 과정 및 그 과정에서 이룩해 낸 물질적·정신적 소득의 총칭《특히 학문·예술·종교·도덕 등의 정신적 소득을 가리킴》
이것이 사전의 정의이다. 그러나 필자는 이 말을 더욱 폭넓게 사용한다. 민족과 국가와 그 민족과 국가가 생활하는 습관과 풍속 등을 다 포함하여 문화라고 말하고 싶은 것이다. 사전은 풍속을 이렇게 정의했다.

풍속(風俗)【명사】
• 예로부터 그 사회에 전해 오는 의·식·주 그 밖의 모든 생활에 관한 습관.
• 그 시대의 유행과 풍습.
이 정의를 보면 문화와 풍속은 다른 것이다. 그러나 요즘은 음식문화, 복식(服飾)문화, 언어문화, 주거문화 등등으로 사용하고 있다. 이런 것은 사전의 정의를 따르면 풍속에 속하는 것들이다. 그러므로 풍속을 문화에 포함시키거나 문화를 풍속에 포함시킬 수 있다고 생각한다. 풍속을 뭉뚱그려서 생활문화라는 한 마디로 표현할 수 있다고 생각한다.
생활풍속문화는 정말 사람이 벗어나기 어려운 것이다. 사전에도 예문으로 들어놓은 것이 "풍속은 나라마다 다르다."이다.
어쩌면 풍속은 민족과 종족마다 다르고 마을마다 다를 수 있다. 또 가정에는 가정의 풍속이 있다. 그렇기 때문에 사람은 풍속을 떠나서 생활할 수 없다. 그 생활풍속문화는 그 환경에 사는 사람들에게는 당연히 그렇게 해야 하는 불문율이다. 그 생활문화를 따르지 않으면 그런 생활문화 속에 사는 다른 사람들에게 이단아가 된다. 이상한 사람으로 보이고 왕따가 되거나 외톨이가 될 것이다.

생활문화라는 것이 그렇다. 한 때 아이들은 해리포터를 보지 않았으면 왕따를 당했다. 해리포터 소설이 팔리고 영화가 상영될 때 아이들의 화제가 전부 해리포터였다. 그 내용에 대하여 조금이라도 알고 있지 않으면 또래에 끼일 수 없었다. 이런 것이 바로 문화의 압력이다.

문화풍습, 생활문화는 역사와 전통이 있다. 어떻게 그런 풍습이 형성되었는지 누가 논리적으로 설명 할 수 있을는지 모를 일이지만 그것은 인류의 의식과 사고방식과 생활방식을 얽어매는 그물이다. 학문과 종교가 이런 생활문화의 영향을 받는 것은 당연한 것이 아니겠는가. 그런데 성경은 이런 문화영향을 받지 않았을까?

2. 성경 환경

성경의 기록 환경이 있고 그 환경의 문화가 있다.

오늘날 우리가 믿는 대로는 성경의 처음 다섯 권은 모세가 기록하였다. 고등비평학자들은 그렇게 인정하지 않지만 역사적으로 그렇게 인정되었고 오늘날 기독교는 그렇게 받아들인다. 그것 역시 기독교의 종교문화요 신앙문화인지 모른다.

모세는 애굽 왕실에서 성장했다. 그는 생모의 젖을 먹고 자랐는데, 아이가 자라매 공주에게 데려다주었고 공주의 아들로 성장했다고 성경에 기록되었다. 그는 히브리 사람이었지만 애굽 왕실에서 성장한 것이다.

그는 애굽의 학문과 정치와 군사를 배웠을 것이며 애굽 인의 생활문화에 익숙해졌을 것이다. 그렇다면 그가 기록한 성경에 애굽문화의 흔적이 많이 스며있을 것이라고 생각할 수 있다. 그러나 애굽의 생활문화가 성경에 별로 기록된 것이 없다. 모세가 성경을 기록할 때 애굽 문화의 영향을 배제했다는 것을 알 수 있다.

당시 애굽의 종교문화는 철저한 다신교문화였다. 그러나 모세오경은 철저히 다신 사상을 배제하고 정죄하고 있다. 모세가 애굽의 종교문화의 영향을 성경 기록에 사용하지 않았다는 것을 알 수 있다. 오히려 애굽의 종교를 배격하고 정죄하는 내용을 기록하였다.

애굽 사람들은 해와 달과 별들을 다 신으로 숭배했고, 동물들과 하천을 신으로 여겼다. 그러나 모세는 천체들이나 동물들을 다 성경의 하나님 여호와께서 창조하신 것이라고 기록하고, 오직 창조하신 여호와 하나님을 숭배하고 경배하라고 기록하였다. 이런 것을 보면 성경을 기록한 사람들이 사는 국가와 민족과 사회의 영향을 받지 않았다는 것을 믿을 수 있다.

미국의 내과 의사 맥밀런(S. I. McMillen)은 고뇌를 극복하는 길, None of These Diseases(문창수 역, 1972. 청암출판사)에서 기원전 1552년 즈음의 애굽에서 기록한 유명한 의학서적 '파피루스 에버즈'의 한 구절을 인용하였는데, 그것은 "머리가 희어지는 것을 예방하기 위해서는 기름에 끓인 검은 송아지 피나 방울뱀의 기름을 바를 것"이다.

"애굽이 고대 의료계의 중심 소재지를 이룬 이후로 이 파피루스는 그 때의 의학에 관한 기록으로서 매우 중요한 문헌이다."(상게 서 7)

그는 다음과 같이 애굽의 치료 처방 파피루스 에버즈의 내용을 인용하면서 의사로서 자기의 소견을 더하여 기술하고 있다. 그의 책에 기록된 것을 계속 인용해보자. 이 책은 머리털이 빠지는 사람들을 위한 처방문도 포함하고 있으며, "그것이 빠질 때 한 가지 치료법은 여섯 가지 기름을 섞어서 바를 것이니 곧 말과 하마, 악어, 고양이, 뱀, 야생 염소의 기름을 섞을 것이며 효과를 강화시키려면 당나귀 이빨을 꿀 속에 갈아서 그것을 바를 것"이다. 애굽 여왕 '쉐쉬'의 특수 미용을 위해서는 '아비시니아' 지방산(地方産)의 회색 사냥개의 발목과 하루살이 꽃과 나귀 발통을 꼭 같은 분량으로 기름에 섞어 끓여 만들었다. 이 소위 우량품조제는 황족들의 머리칼을 잘 자라게 하기 위한 특수 처방이었다. 독사에게 물린 사람들을 구하려면 그 당시 의사들은 '마법의 물'을 마시게 하였는데, 이 물이라는 것이 어떤 우상의 머리 위로 부어 내리운 것이었다. 가시나 파편이 살 속에 박힌 경우에 그들은 벌레의 피나 당나귀의 똥을 발랐다. 똥은 파상풍을 일으키는 인자가 가득하므로 이로 인한 사망률이 높았던 것도 무리가 아니었다.

이 외에도 수백 가지 치료법이 '파피루스 에버즈' 속에 기록되어 있다. 약들로는 "도마뱀의 피, 돼지 이빨, 썩은 고기, 썩어 악취가 나는 기름, 돼지 귀로부터 짜낸 수분(水分), 거위의 기름, 당나귀 발통, 기타 사람을 포함해서 여러 가지 동물들의 기름, 똥, 당나귀, 기린, 개, 고양이, 심지어 파리 등 등"

이 책이 쓰여진 시기는 모세가 애굽에서 출생했을 즈음이었다. 그의 양친이 이스라엘 사람이긴 했으나 그는 황실에서 양육을 받았고 "애굽 사람의 학술을 다 배웠다"(행 7:22).

그가 그 시대의 의학 지식에 정통했으리라 함은 의심의 여지가 없다. 그 외의 많은 이스라엘 사람들도 이것을 알고 거기 쓰인 여러 가지 처방을 사용했으리라는 것도 의심할 바 없다. 그러나 모세가 이스라엘 대중을 애굽으로부터 인도해 냈을 때 하나님은 그에게 새 나라를 위한 매우 특이한 약속을 주셨다.

"너희가 너희 하나님 나 여호와의 말을 청종하고 나의 보기에 의를 행하며 내 계명에 귀를 기울이며 내 모든 규례를 지키면 내가 애굽 사람에게 내린 모든 질병의 하나도 너희에게 내리지 아니하리니 나는 너희를 치료하는 여호와임이니라"(출 15:26)고 말씀하셨다.

"……모든 질병의 하나도……내리지 아니하리니……"

얼마나 귀한 약속인가! 애굽 사람과 이스라엘 사람들이 각종 병으로 인해 얼마나 오랫동안 고통을 받았는가? 그들의 의학서적에 있는 치료법은 사실상 아무 소용이 없었을 뿐더러 질병을 더 악화시켰을 것이다. 그러나 하나님은 이스라엘 사람들에게 애굽인의 모든 질병으로부터 면케 해 주시리라는 환상과도 같은 약속을 하셨던 것이다.

 하나님은 모세에게 오늘 우리들이 가지고 있는 성경의 일부가 되는 많은 계명을 주셨다. 하나님이 주신 이 여러 의료에 관한 지시사항은 '파피루스 에버즈'에 기록된 것들과는 전혀 다르다. 그러므로 하나님께서 그 때의 의학상의 권위자들로부터 모방하지 않은 것이 분명하다. 황실의 최고 학부에서 훈련을 받은 모세가 자기가 이전에 배운 것들을 섞어 넣지 않고 하나님께서 주신 새 지식을 받을 신앙이 그에게 있었을까? 기록된 것에 의하면 모세는 하나님의 법규에 대한 신앙이 너무 커서 그때의 그릇된 의술의 단 한 가지도 성경의 영감(靈感)된 가르침 속에 집어넣지 않았다. 만일 모세가 그 시대에 기울어져서 자기 시대의 최신 의학교육의 일부를 덧붙여 넣었더라면 그때 전문의들이 박테리아가 우글거리는 개나 고양이나 파리똥으로부터 만든 약은 고사하고 우리들은 "아비시니아 지방산(地方産)의 회색 사냥개의 발목이라든가, 당나귀 이빨을 꿀 속에 갈아서 만들 것" 따위의 처방을 성경에서 읽게 됐을 것이다.

 하나님의 법규는 조금도 해가 없는 처방이었을 뿐 아니라 권장해야 할 우수한 장점들을 많이 가지고 있다. 전염병 예방의 역사(歷史)에서 하나님께서 주신 이 여러 가지 법규의 영향을 한 번 살펴보자(상게서 7~9).

지금 필자는 성경과 문화에 대하여 말하고 있다. 맥밀런의 글은 성경이 당시 세계 최고의 문명국인 애굽의 문화 영향을 받지 않았다는 것을 설명한 것이다. 모세는 애굽의 풍속에 젖은 사상을 기록하지 않았다.

그는 하나님께서 주신 것을 그대로 기록했을 뿐이다. 모든 시대의 모든 민족이 그들이 처해 사는 나라와 사회의 풍속과 문하에 젖어서 그런 것들을 당연한 것으로 받아들였으나 기록된 성경은 철저하게 하나님께서 계시해 주신대로 기록한 것이다. 이 사실만으로도 얼마나 감사해야 할 일인가!

하나님께서는 성경 기자들에게 분명한 말씀을 주셨는데, 이것은 성경 기록 원칙이기도 하다.

"내가 너희에게 명하는 말을 너희는 가감하지 말고 내가 너희에게 명하는 너희 하나님 여호와의 명령을 지키라"(신 4:2).

성경 기자는 하나님께서 영감과 계시로 주시는 것에 결코 가감하지 않고 그대로 기록하였다.

지금 축자영감을 말하는 것이 아니다. 하나님은 어떤 형상을 보여주시기도 하고 어떤 사물을 생각하게 하기도 하셨을 것이다. 또 영감을 주시기도 하셨다. 성경 기자는 그런 것을 자기의 능력을 따라 최선을 다해 기록하였다. 기록할 때에도 하나님의 성령께서 그들을 지도하셨다. 그래서 성경은 이렇게 증언한다.

"모든 성경은 하나님의 감동으로 된 것으로 교훈과 책망과 바르게 함과 의로 교육하기에 유익하니 이는 하나님의 사람으로 온전케 하며 모든 선한 일을 행하기에 온전케 하려 함이니라"(딤후 3:16, 17).

"먼저 알 것은 경의 모든 예언은 사사로이 풀 것이 아니니 예언은 언제든지 사람의 뜻으로 낸 것이 아니요 오직 성령의 감동하심을 입은 사람들이 하나님께 받아 말한 것임이니라"(벧후 1:20, 21).

그렇기 때문에 필자는 성경에 세상적 사상이나 사고방식, 문화조류가 반영되었다고 믿지 않는다. 물론 문장 스타일이나 단어는 그 시대의 것을 사용할 수밖에 없었겠지만, 그러나 그것이 그 시대 문화를 성경에 스며들게 했다고 믿지는 않는다. 맥밀런의 글은 필자의 이런 믿음을 확인하는 내용이 아닌가.

3. 성경의 전수

성경은 교회가 믿고 있는 대로는 모세오경이 기원전 1500년경에 기록되었다. 지금으로부터 3500여년 전의 글이다. 가장 나중에 기록되었다고 믿는 요한계시록도 기원 96년경의 기록이다. 거의 2000년 전의 기록인 것이다. 성경은 연대적으로 말하면 참으로 케케묵은 옛날 책이다. 그런데 원전은 하나도 없다. 오늘날 여러 나라에서 성경을 번역할 때 대본으로 사용하는 구약원어는 기원 후 1008년경의 사본이다. 이것을 세계 최고 학자들이 심혈을 기울여서 가장 원본에 가깝다고 볼 수 있도록 노력한 결과로 나타난 구약 원문 성경이 바로 비블리아 헤브라

이카 슈투트가르텐시아(Biblia Hebraica Stuttgartencia 제4판 1990)인데, 많은 나라들이 번역할 때 대본으로 사용하고 있다.

아무튼 구약성경 전체가 온전하게 사본되어 보존된 것이 1008년경의 사본이라고 할 때, 그것이 원본과 내용이 정확하게 일치할 것인가 하는 생각을 하는 것은 결코 무리한 생각이 아니다. 모세오경은 기록된 때로부터 본다면 2500년의 간격이 있고 구약의 마지막 책인 말라기로부터 생각해도 1400년의 간격이 있으니 '사본이 되는 동안 잘못된 것이 없다고 할 수 있겠는가' 하는 생각은 정당한 생각이다.

그런데 1947년에 사해사본이 발견되고 그것을 해독하므로 그런 생각은 기우(杞憂)라는 것이 밝혀졌다. 사해사본은 기원전 125년경의 사본이라고 한다. 그러니까 1008년의 사본과 1100년 이상의 연대 간격이 있는 사본이다. 그것이 발견된 지역이 쿰란이었다. 거기에 많은 동굴이 발견되었고 동굴을 뒤져서 많은 문서들을 찾았는데, 거기서 구약전편을 다 찾았다. 다만 에스더서만 완전하지 않았을 뿐이다.

세계는 1008년의 사본과 얼마나 다른 내용이 있을까 하고 주목했다. 그러나 대조해본 결과 다른 내용이 없다고 밝혀졌다. 그만큼 성경 사본이 원본에 충실했다는 증거가 된 것이다. 신약성경도 마찬가지이다.

하나님께서 성경 기자들에게 지시한 대로 하나님이 계시와 영감으로 기록하게 한 성경에 가감하지 않았다는 말이다. 우리가 지금 가지고 있는 번역된 성경도 전체의 의미에 있어서 원본과 달라진 것이 없다. 그러므로 교회는 성경에 기록된 말씀에 충실해야 한다. 결코 가감하지 말아야 한다. 하나님께서 엄격하게 금하셨다. 잠언은 이렇게 경고했다.

"하나님의 말씀은 다 순전하며 하나님은 그를 의지하는 자의 방패시니라 너는 그 말씀에 더하지 말라 그가 너를 책망하시겠고 너는 거짓말 하는 자가 될까 두려우니라"(잠 30:5, 6).

하나님의 말씀에 가감하면 거짓말하는 자가 된다. 하나님께서는 당신의 말씀을 영원토록 보존하실 것이라고 말씀하셨다.

"여호와의 말씀은 순결함이여 흙 도가니에 일곱 번 단련한 은 같도다 여호와여 저희를 지키사 이 세대로부터 영영토록 보존하시리이다"(시 12:6, 7).

이 말씀에 가감하면 성경의 종교가 변질하게 된다. 기독교가 성경의 종교와 신앙에서 변질하게 된 것은 바로 교리와 신조를 기록된 말씀대로 하지 않은데서 기인한 것이다. 교회는 정말 조심해야 한다. 교회는 성경 말씀을 가감할 권리가 없다. 하나님의 말씀은 순결하기 때문에 사람이 가감할 사항이 결코 없다. 기록하게 하신대로 하나님께서 영원토록 보존하실 것이다. 그런데 교회가 감히 그것을 가감하는 것은 하나님을 능멸하는 것이다.

제7장
배도와 변질

1. 배도의 전조

성경에는 예수께서 전하시고 그의 사도들이 전한대로 예수 그리스도의 복음이 기록되어 있다. 예수를 믿는 믿음은 철저하게 성경말씀에 기초되어 있다. 그러므로 성경말씀과 일치하지 않는 주장을 하는 것은 이미 성경에 기록된 대로의 순결하고 순수한 성경의 종교가 될 수 없다. 하나님이 성경을 사람들에게 주신 목적은 사람들을 사망에서 생명으로 옮기기 위한 것이다. 성경의 일점일획이라도 하나님이 주신 것과 다르게 되면 생명으로 옮길 수 없도록 만드는 것이다. 마치 수술하는 의

사가 메스를 사용하는 것보다 더 조심스럽게 성경에 기록된 말씀을 그대로 받아들이고 순복해야 하는 것이다.

　문제는 하나님의 일을 방해하고 핍박하는 세력이 있다는 것이다. 잘 아는 대로 사단이다. 사단이라는 말은 히브리어인데, '대적하는 자' 라는 뜻이다. 성경의 하나님 여호와를 대적하는 세력이다. 그는 여호와 하나님이 하시는 일을 건건이 방해하고 나쁘게 선전하고 피조물들로 여호와 하나님을 오해하게 하고 불신하게 하는데 전력을 쏟는 대적이다. 그는 두 가지 수단으로 예수 그리스도의 복음을 막고 있다. 하나는 핍박이다. 정치적 권력과 사회적 풍습을 통하여 복음을 받아들이고 순복하는 사람들에게 압력을 가하여 그것을 포기하게 하는 것이다. 사단은 이 세상의 모든 권세와 영광은 자기에게 넘겨준 것이기 때문에 자기의 원하는 자에게 줄 수 있다고 주장했다(눅 4:5, 6).

　그렇기 때문에 세상의 권세와 부귀와 사회적 분위기를 동원하여 성경대로 복음을 받아들이고 믿는 자들에게 물리적으로 핍박을 가하여 복음을 포기하게 하는 것이다. 다른 하나는 오류를 섞어서 교회가 오류를 믿게 하는 것이다. 이것이 물리적 외형적 핍박보다 훨씬 효과가 크다. 사단은 이런 수단으로 진리를 변개하고 교회를 변질시킨다.

　사단은 초대교회부터 이런 활동을 시작하였다. 예수께서 세상에 계실 때에 유대 지도자들을 동원하여 예수를 핍박하고 십자가에 못 박아 죽게 하였다. 그러나 예수께서 부활하심으로 사단의 노력은 완전히 수포로 돌아갔다. 그러자 제자들과 초대교회를 강하게 핍박했다. 사울을 동원해서 유대지방 밖까지 찾아가서 핍박했다. 그러나 그 사울이 예수를 만나고 회개하고 복음의 전사가 되자 음부의 권세가 교회를 이기지 못했다. 그러자 오류를 교회 안에 들여오기 시작했다. 사도들은 교회 안에 들어오는 오류를 막는데 애를 썼다. 골로새서나 요한 일, 이서에는 이런 오류를 분별하고 속지 않도록 단속하는 내용이 들어 있다. 요한은 그런 오류를 퍼뜨리는 자들을 적그리스도라고 단정했다. 사단이 하는 일이라는 것을 지적한 것이다. 베드로도 베드로후서에서 경고했고, 유다도 이 일에 대해 경고했다. 그리고 예수 그리스도의 복음을 올바르게 보존하고 전하기 위하여 복음서가 기록되었다. 예수님은 사도 요한을 밧모 섬에서 만나시고 재림하시고 새 하늘과 새 땅이 이룰 때까지 이 세상에서 교회가 어떤 형편에 처하게 될 것인지 상징적 계시로 자세히 가르쳐주셨다.

　이런 오류들 중에 영지주의가 있었다. 가현설이 생기고 충만을 위한 발출자의 사상이 생겼다. 성경이 가르치는 진리, 하나님이신 분이 사람이 되었다는 것을 도무지 이해할 수 없어서 소위 철학자들은 그것을 철학적으로 이해하려고 그런 사상들을 창안하였는데, 그들이 아마도 신학자라는 허울로 교회에 설쳐댔을 것이다.

　바울은 골로새서에서 이렇게 경고한다.

　"누가 철학과 헛된 속임수로 너희를 노략할까 주의하라 이것이 사람의 유전과 세상의 초등 학문을 좇음이요 그리스도를 좇음이 아니니라 그 안에는 신성의 모든 충만이 육체로 거하시고 너희도 그 안에서 충만하여졌으니 그는 모든 정사와 권세의 머리시라"(골 2:8~10).

바울의 이 말은 영지주의 자들이 발출자로 가득 채워질 때 충만하게 된다는 주장의 거짓을 지적하는 말이다. 예수 그리스도 한분으로 하나님의 충만이 충족된다는 것을 가르치는 것이다.

이런 사상은 사람이 되신 예수님을 사람처럼 보인 것이라고 말하면서 예수는 사람이고 그 안에 역사하는 이는 그리스도인데, 예수가 십자가에 달릴 때 그리스도는 예수의 몸을 떠났다고 가르쳤다. 오늘도 이런 주장의 후예들이 있어서 예수와 그리스도를 따로 구분하는 학자들이 있다. 진리를 변질시키고 오류를 정착시키는 주장들이다. 사단이 하는 일이다.

사도 요한은 이런 주장을 단호히 배격하며, 이런 주장을 하는 자들이 적그리스도라고 단언하였다.

"저희가 우리에게서 나갔으나 우리에게 속하지 아니 하였나니 만일 우리에게 속하였더면 우리와 함께 거하였으려니와 저희가 나간 것은 다 우리에게 속하지 아니함을 나타내려 함이니라 너희는 거룩하신 자에게서 기름 부음을 받고 모든 것을 아느니라 내가 너희에게 쓴 것은 너희가 진리를 알지 못함을 인함이 아니라 너희가 앎을 인함이요 또 모든 거짓은 진리에서 나지 않음을 인함이니라 거짓말하는 자가 누구뇨 예수께서 그리스도이심을 부인하는 자가 아니뇨 아버지와 아들을 부인하는 그가 적그리스도니 아들을 부인하는 자에게는 또한 아버지가 없으되 아들을 시인하는 자에게는 아버지도 있느니라 너희는 처음부터 들은 것을 너희 안에 거하게 하라 처음부터 들은 것이 너희 안에 거하면 너희가 아들의 안과 아버지의 안에 거하리라"(요일 2:19~24).

"사랑하는 자들아 영을 다 믿지 말고 오직 영들이 하나님께 속하였나 시험하라 많은 거짓 선지자가 세상에 나왔음이니라 하나님의 영은 이것으로 알지니 곧 예수 그리스도께서 육체로 오신 것을 시인하는 영마다 하나님께 속한 것이요 예수를 시인하지 아니하는 영마다 하나님께 속한 것이 아니니 이것이 곧 적그리스도의 영이니라 오리라 한 말을 너희가 들었거니와 이제 벌써 세상에 있느니라"(요일 4:1~3).

바울이나 요한이 경고한 것이 초대교회에 들어온 오류들에 대한 것이다. 나아가서 그들은 부활을 부인하기 시작하였다.

"그리스도께서 죽은 자 가운데서 다시 살아나셨다 전파되었거늘 너희 중에서 어떤 이들은 어찌하여 죽은 자 가운데서 부활이 없다 하느냐"(고전 15:12).

"속지 말라 악한 동무들은 선한 행실을 더럽히나니 깨어 의를 행하고 죄를 짓지 말라 하나님을 알지 못하는 자가 있기로 내가 너희를 부끄럽게 하기 위하여 말하노라 누가 묻기를 죽은 자들이 어떻게 다시 살며 어떠한 몸으로 오느냐 하리니 어리석은 자여 너의 뿌리는 씨가 죽지 않으면 살아나지 못하겠고 또 너의 뿌리는 것은 장래 형체를 뿌리는 것이 아니요 다만 밀이나 다른 것의 알갱이뿐이로되 하나님이 그 뜻대로 저에게 형체를 주시되 각 종자에게 그 형체를 주시느니라"(고전 15:33~38).

또 어떤 사람들은 부활이 있었지만 예수 부활 후에는 부활이 지나갔다고 주장하였다.

"진리에 관하여는 저희가 그릇 되었도다 부활이 이미 지나갔다 하므로 어떤 사람들의 믿음을 무너뜨리느니라"(딤후 2:18).

이런 사상이 교회 안에 들어오는 것으로 교회는 진리를 올바르게 분별하지 않으면 안 되는 사실에 직면하게 되었다. 그래서 교인들에게 진리를 옳게 분변하라고 간곡히 부탁하였다.

"네가 진리의 말씀을 옳게 분변하여 부끄러울 것이 없는 일꾼으로 인정된 자로 자신을 하나님 앞에 드리기를 힘쓰라"(딤후 2:15).

이런 혼란을 틈타고 교회 안에 불법이 똬리를 틀기 시작하였다. 바울은 이 사실을 분명히 가르쳤다.

"누가 아무렇게 하여도 너희가 미혹하지 말라 먼저 배도하는 일이 있고 저 불법의 사람 곧 멸망의 아들이 나타나기 전에는 이르지 아니하리니 저는 대적하는 자라 범사에 일컫는 하나님이나 숭배함을 받는 자 위에 뛰어나 자존하여 하나님 성전에 앉아 자기를 보여 하나님이라 하느니라 내가 너희와 함께 있을 때에 이 일을 너희에게 말한 것을 기억하지 못하느냐 저로 하여금 저의 때에 나타나게 하려 하여 막는 것을 지금도 너희가 아나니 불법의 비밀이 이미 활동하였으나 지금 막는 자가 있어 그 중에서 옮길 때까지 하리라"(살후 2:3~7).

불법의 비밀이 이미 활동하고 있다고 경고한 것이다. 그 불법의 비밀은 장차 하나님의 교회에 앉아서 자기를 하나님이라고 주장하는 자리에 이르게 될 것이라고 지적하였다. 이 문제는 다음 장에서 자세히 이야기할 것이다.

이렇게 교회 안에 배도의 전조는 눈에 띄게 꿈틀거렸다. 이것이 정권과 사회의 핍박이 닥칠 때 교회를 확실하게 배도의 길로 가도록 할 것이었다.

2. 핍박과 타협

초기에는 주로 유대인들의 핍박이 심했다. 그러나 교회가 세계로 뻗어나가면서 제국의 핍박이 닥치기 시작했다. 제5장에서 유대인의 핍박과 로마제국의 핍박에 대하여 이야기했다. 로마제국의 핍박은 황제숭배를 강요하면서 닥쳤다. 그러나 참된 그리스도인들은 그 핍박을 잘 견디었다. 많은 순교자를 내었다. 그런데 유대인 독립운동과 맞물려서 기독교 신앙과 상관없이 그리스도인들이 체포되는 일이 생기자 교회에는 엉뚱한 일이 스며들기 시작했다.

유대인 독립운동은 자주 발생한 일이었다. 그 독립운동은 그 주동자들이 자신이 메시야라고 주장하면서 일어났다. 사도행전에 기록된 유다나 드다도 그들이 메시야라고 주장했던 것으로 이해된다.

'바리새인 가말리엘은 교법사로 모든 백성에게 존경을 받는 자라 공회 중에 일어나 명하사 사도들을 잠깐 밖에 나가게 하고 말하되 이스라엘 사람들아 너희가 이 사람들에게 대하여 어떻게 하려는 것을 조심하라 이전에 드다가 일어나 스스로 자랑하매 사람이 약 사백이나 따르더니 그가 죽임을 당하매 좇던 사람이 다 흩어져 없어졌고 그 후 호적할 때에 갈릴리 유다가 일어나 백성을 꾀어 좇게 하다가 그도 망한즉 좇던 사람이 다 흩어졌느니라 이제 내가 너희에게 말하노니 이 사람들을 상관 말고 버려두라 이 사상과 소행이 사람에게로서 났으면 무너질 것이요 만일 하나님께로서 났으면 너희가 저희를 무너뜨릴 수 없겠고 도리어 하나님을 대적하는 자가 될까 하노라 하니"(행 5:34~39).

드다라는 사람이나 유다라는 사람이 유대 독립을 부르짖으면서 메시야라고 주장했거나 큰 선지자라고 주장했을 것이라고 생각한다. 그런 사람이 일어날 때마다 많은 추종자들이 생겼지만 점령국 군대에게 패퇴하고 말았다. 로마 정부는 유대의 잦은 독립운동에 골치를 앓았던 것 같다. 그런 중에 132년에 바르 코크바의 반란이 일어난 것이다.

반란이 일어나게 된 경위는 대강 이렇다. [기원 후 70년 티투스 장군의 공격으로 예루살렘이 함락되었고 트라야누스 황제 때에는 두 번째 키토스 전쟁이 일어나 로마와 유대인은 대립은 악화되었다.

로마제국은 이런 반란의 재발을 막기 위해 2개의 로마군 군단을 유대 지역에 상주시켰다. 130년 유대지방을 방문한 하드리아누스 황제는 예루살렘 바로 북쪽에 "아일리아 카피톨리나"라는 도시를 건설하여 로마의 10군단을 상주시킨 것과 가지의 정책을 실시함으로 유대인에게 할례를 금지함으로 크게 유대인의 분노를 샀다. 또한 70년 예루살렘

함락으로 무너진 예루살렘 성전의 자리에 로마의 신 유피테르(주피터) 신전을 지었다. 이런 일들은 유대인들의 반로마 감정을 고조시켰다.

132년 당시에 유대인으로부터 존경받던 랍비 아키바 벤 요셉은 시몬 바르 코크바를 대장으로 하여 로마제국에 항쟁하도록 하였다. 바르 코크바는 아람어로 "별의 아들"을 뜻하는데 이는 구약성서 민수기 24장 17절에 나오는 "한 별이 야곱에게서 나오며"라는 구절의 성취라고 생각하여 바르 코크바가 진정한 메시아라고 여겼고 랍비 아키바 벤 요셉도 그렇다고 인정하였다.

코크바의 항쟁은 급속하게 유다 전역으로 퍼졌으며 급기야 예루살렘을 탈환하는 데 성공하고 코크바는 이스라엘의 "나시"(왕, 통치자라는 뜻)를 자처하며 "이스라엘 해방 제1년"이라고 새겨진 동전을 발행했다. 아키바 벤 요셉은 유대교의 부흥에 나섰다.

하드리아누스 황제는 브리타니아에 있는 식스투스 율리우스 세베루스를 지휘관으로 하여 다뉴브 근처의 군단을 돌려 진압군으로 파견하였고, 세베루스는 유다북부에서부터 차례차례로 공격에 성공하고 134년 대대적인 공세를 펴서 유대인들의 항쟁을 진압하고 예루살렘을 다시 탈환하였다. 바르 코크바는 베르타에서 완강히 저항했으나 끝내 자결하고 136년 그 잔당은 전멸했다. 랍비 아키바 벤 요셉은 붙잡혀 모진 고문을 받다가 십자가형은 가볍다고 하여 인두로 온 몸을 지져서 처형하였다. 이 문제를 연구한 사람은 하드리아누스가 원로원에 의례적인 승전보고만 하고, 로마제국의 권위를 과시하는 개선식을 하지 않은 것으로 보아 이 3년에 걸친 전쟁으로 로마군의 손실도 만만치 않은 것으로 보고 있다.

　기록에 따르면 유대인의 거점 요새 50개가 함락되었고 985여개의 마을이 폐허가 되었으며 사망자는 약 58만 명이라고 한다. 또한 수많은 유대인이 노예로 팔리고 강제로 다른 이역으로 이주해야했다.

　이 전쟁의 결과로 유대의 이름은 시리아 팔레스타인으로 나중에 팔레스타인으로 바뀌게 되었다. 예루살렘은 다시 한 번 철저히 파괴 되었고, 그 이름도 아일리아 카피톨리나로 완전히 바뀌어 철저하게 로마식으로 재건되었다.

　예루살렘이 항상 로마제국에 반대하는 항쟁의 진원지가 되었기 때문에 하드리아누스는 모든 유대인을 예루살렘에서 추방했고 다시는 들어가지 못하게 했다. 이로써 유대인들의 디아스포라는 더욱 더 확산되었고, 이후로 거의 2000년 동안 유대 땅은 유대인의 종교적, 정치적, 문화적 중심지가 될 수 없었다.](인터넷 위키 백과사전)

　백과사전은 바르 코크바의 반란과 유대인 핍박과 추방에 대한 것만 기록했지만, 그리스도인들의 피해에 대하여서는 일언반구의 말도 없다. 로마군은 유대인을 구별하는 방편으로 제7일 안식일에 예배하는 자들을 유대인으로 단정하였다. 많은 그리스도인들이 안식일을 지키는 것 때문에 유대인으로 오해받아 추방되거나 체포되었다. 유대인으로서 예루살렘에 들어오든지 남아있으면 모두 체포하여 처벌하였다. 그리스도인들에게도 예루살렘은 거룩한 도성으로 인식되고 있었기 때문에 거기 머물러 있기를 원하는 사람들이 많았던 것 같다. 사전에서 말한 것처럼 하드리아누스 황제는 폐허가 된 예루살렘의 이름을 바꾸어서 로마식으로 엘리아 카피톨리나(Aelia Capitolina)라 하였고 유대인들에게 예루살렘을 잊어버리게 하기 위한 조처를 취하고 유대 땅을 팔레스타인으로 부르도록 명령했다. 성경의 블레셋이다. 그들은 역사적으로 유대와 대적이 된 사람들이다. 황제는 그 이미지를 활용한 것이다. 그 후로 그 지역이 팔레스타인 지역으로 불리게 되었다. 그리고 유대인들을 예루살렘에서 추방했으며 대대적인 핍박을 가했다. 그리스도인들은 그 핍박에 포함되지 않기 위하여 유대인들과 자기들의 신앙을 명백히 구분 지을 필요를 느끼게 되었다.

그래서 일부 그리스도인들이 예배일을 안식일에서 일요일로 옮기기 시작하였다. 그날에 예수께서 부활하셨다는 명분이 있기 때문이었다. 이렇게 하여 교회는 핍박을 피하기 위하여 성경과 상관없는 선택을 하게 되었다. 타협의 길에 들어선 것이다.

그렇게 걸어가게 되면서 그리스도인들은 그날 예배하는 것이 정당하다는 이론을 만들기 시작하였다. 신학을 만든 것이다. 대표적으로 저스틴 말터(Justin Martyr 114~165)의 변증서가 있다. 그의 첫 변증서(1 Apologia)에 일요일에 예배하는 것을 옹호하는 글이 있다.

"태양의 날이라고 불리는 날에 도시들과 시골에 사는 모든 사람들이 한 곳에 모여 시간이 있는 대로 사도들과 예언자들의 서적들을 낭독하고, 그 다음에 인도자가 낭독한 아름다운 교훈들을 설교하여 권면합니다.…… 태양의 날에 우리가 다 회집하는데 이는 하나님께서 이 세상을 창조하기 위하여 흑암의 허공에서 모든 일을 시작하신 첫째 날이며, 또 우리 구주 예수 그리스도께서 죽음 가운데서 부활하신 날입니다. 그가 토요일 전 날에 십자가에 못 박힌 바 되고, 다음 날 곧 일요일에 사도들과 제자들에게 나타나사 내가 이제 제시한 것을 가르쳤습니다."(Justin Martyr, 1 Apologia 67장, 윤대화 저. 고대 그리스도교의 주일 논쟁사 上, 133) 또 저스틴은 유대인 트리포와의 대화에서도 말한다.

"제8일에는 더욱 제7일이 결코 지니지 못하는 그 어떤 신비스러움이 내포되어 있는 어떤 것을 우리는 설명할 수 있는데, 그것은 교회의식을 통해서 하나님에 의하여 공포되었다"(저스틴, 유대인 트리포와의 대화 24장, 윤대화. 상게서, 144).

"제8일에 항상 아이들로 할례를 받도록 누차 명하신 그 할례의 명령(계명)은 참 할례의 한 모형이었으니, 이 참 할례로 말미암아 우리는 안식일 후 첫째 날에 죽음에서 부활하신 그분 곧 우리 주 예수 그리스도를 통하여 이 세상의 기만과 죄악에서부터 할례를 받는 것이다. 대개 안식일 후 첫째 날에, 모든 날 중에 남아있는 그 첫날이, 여하간에, 그 주간의 모든 날의 수에 따라서 제8일째 날이라고 불리는데, 그러나 [아직도] 그 날은 첫날로 남아 있는 것이다."(상게서, 145) 저스틴 말터는 탁월한 변증가였다. 그는 그리스도교를 철학적으로 잘 변증하였다. 그러나 성경의 명백한 기록을 자기의 변증으로 뭉갰다. 오늘날 일요일이 주일이라고 주장하는 사람들은 이 변증을 잘 활용한다. 그러나 성경의 계시에서는 떠난 것이다. 저스틴은 165년에 순교한 것으로 전해온다. 그럼에도 불구하고 현대 학자들 사이에는 그가 진정으로 회심한 그리스도인인지, 아니면 철학적 변증과 학문적으로 예수와 그의 가르침을 이해하는데 그쳤는지 논란이 있다.

독일 하이델베르크 대학교 교회사 교수 캄펜아우젠(Hans F. von Campenhausen)은 "초대교회는 아무런 신학도 하지 않았다. 정신적으로는 교회의 전승과 교회 지도자 및 예언자들의 계시에 의하여 살았다."고 했다.

또 한철하 교수도 그의 저서 고대기독교사상사에서 폴리갑에 대하여 말하면서 "그에게 있어서 신학적 혹은 철학적 탐구를 찾아보기가 힘들다."(30쪽)라고 하였다. 헬라 철학자들이 교회에 들어오면서 교리와 신조가 철학적 조직으로 설명되기 시작한 것이다. 캄펜하우젠 교수는 이런 풍조가 150년경에 교회에 들어온 것으로 지적하면서 "신학의 교사들은 자기 자신의 정신적 연구에 근거를 두고 있으며 학문적 교양과 교육을 받은 사람들로서 이런 관점에서 기도교적 진리를 변호하고 근거를 설정하고 전재하고자 노력했는데, 이들은 제2세기 중엽에야 비로소 등장했다.…… 이런 발전은 희랍 정신과 희랍적 이성개념과 헬라주의적 교양의 전통의 영향 없이는 생각할 수 없는 것이다. 비록 어떤 경우에 어떤 접촉이 불가피했을지라도, 교회가 유대교적 토양을 떠나서 로마제국과 세계문화 속으로 옮겨지면서 그러한 영향을 외적으로만 전수한 것이 아니다. 희랍적 유산을 수용하는 일은 유대교와 이슬람의 종교사적 병행 현상에서 보듯이 오히려 내적으로도 불가치하고 필연적이어서 오늘날 우리가 신학이라고 부르는 것을 만들어내기에 이른 것이다. 이러한 뜻에서 본 첫 번째 신학자는 유스티누스(저스틴)였다. 사람들은 그 당시 그를 "철학자"라고 불렀다." (윤대화 상게서 128, 129)

사람들은 저스틴 말터가 바울과 같은 진정한 회심을 하고, 예수님을 참으로 만났는지 의심한다. 그는 성경 사상을 철학적으로 수용하고 그 학문을 위해 헌신하고 순교한 것으로 생각하는 경향이 있는 것 같다.

아무튼 이렇게 바르 코크바의 반란과 관련하여 교회는 변질의 한 걸음을 크게 내디딘 것이다. 핍박을 피하기 위하여 타협의 길을 택한 것이다.

3. 헬라 철학의 영향

바르 코크바의 반란은 교회와 전혀 상관없는 것이었는데, 교회가 변질하는데 아주 결정적인 영향을 미쳤다. 그런 영향을 합리화하는데 헬라 철학이 큰 몫을 담당하게 되었다. 저스틴 말터는 자기가 그리스도인이기 때문에 철학자라고 스스로 말했다. 그는 기독교를 자기가 추구하던 플라톤 철학의 완성으로 본 헬라 철학자였다. 런던 신학교 역사신학 교수인 토니 레인(Tony Lane)은 그의 저서 기독교 인물 사상 사전(Christian Thought, 박도웅 양정호 옮김, 서울 홍성사)에서 기원 100

년에서 500년 사이에 교회가 몰라보게 달라졌다고 말했다.

"주후 100년 당시 교회는 반복적으로 박해를 받았던 사회적 소수였다. 복음서와 사도들의 서신이 교인과 교회 사이에 회람되고 있었지만, 아직 '신약성경'으로 묶이기 전이었고, '예수는 구주시다'와 같은 짧은 신앙고백이 있었지만 공식적인 신조는 채택되지는 않은 상태였다. 교회의 조직 역시 유동적이었으며, 신약성경 시대처럼 지역마다 그 모습이 달랐다. 주기도문과 같은 구체적인 형식을 갖춘 기도문이 있었으나, 모든 교회가 함께 합의한 정형화된 예배 형식은 없었다." (상게서, 19)

그러다가 313년부터 500년까지 교회의 양상이 달라졌다. 기독교가 로마제국의 국교가 되면서 교회에는 직책과 예배형식의 정형화가 이루어진 것이다. 이렇게 된 것은 교회사적으로 복도 되고 화도 되었다. 그러나 성경적인 교회와 신앙이라는 시각으로 보면 완전히 화와 저주에 이른 격이다. 이것은 성경적 하나님의 교회가 세속에게 삼켜버리게 된 것일 뿐이다.

초대 교회의 두 가지 중요한 전환점은 기원 후 70년 예루살렘이 멸망한 사건과 콘스탄틴 황제가 기독교로 개종하면서 기독교가 로마의 국교가 된 것이다.

70년 이전에는 유대인이 교인들의 주류를 이루고 사람들은 기독교를 유대교의 분파로 보았다. 그러나 70년 이후로는 이방인들이 교인들의 주류가 되었다. 교회는 소수로서 사회와 국가의 핍박의 대상이

기도 했다.

그러나 312년 콘스탄틴이 개종하고 기독교가 로마의 국교가 되면서 출세를 위하여 성경적 신앙이 없이, 진정한 회개도 없이, 예수의 복음을 체험하지도 않은 채, 대규모로 기독교로 개종하였다. 교회가 세속화하고 이교적 사고방식과 이교적 풍습과 우상숭배의 관행이 교회에 버젓이 자리를 잡았다.

전에는 핍박을 받았으나 이제는 국가의 권력을 업고서 국교가 된 기독교의 경계를 벗어나려는 기독교 집단을 억압하고 핍박하는 집단이 되었다. 엄청나게 변한 것이다. 그런 변화는 성경이 가르치는 올바른 교리와 신앙에서 멀리 벗어난 것이다. 허울은 기독교이지만 속은 완전히 우상숭배의 이교가 된 것이다.

이렇게 된 배경에는 헬라 철학도 단단히 한 몫을 했다.

초대 교부들은 거의 다 헬라인과 로마인이었다. 예루살렘에 큰 핍박이 있은 후 이방인에게 복음이 전파되면서 비유대인이 교인들의 주류를 이루게 되는 중에 70년 예루살렘 멸망과 함께 유대인들은 기독교인의 소수가 되었고 헬라인과 로마인들이 교회의 지도권을 장악하게 되었다. 이 사람들은 자신이 받아들인 기독교 신앙을 동시대 사람들에게 소개하면서 그들의 사고방식, 곧 헬라 철학과 관련시켜 소개하였다. 그것이 그들의 사고구조였기 때문에 어쩔 수 없는 상태였을 것이다. 앞에서 말한 저스틴 말터가 좋은 예가 된다.

헬라 철학의 주류를 이루던 세 학파가 초대교회 교부들에게 영향을 주었는데, 플라톤학파, 아리스토텔레스학파, 제논의 스토아학파이다. 이 세 학파는 초대교회에 지대한 영향을 끼쳤다. 기원 2세기경의 플라톤주의 철학자들은 플라톤 사상을 중심으로 하며 아리스토텔레스와 스토아철학을 다 잘 알고 있었다.

3세기에 들어와서 신플라톤주의가 나타났는데 신의 초월성을 강조하였고 이것은 기독교 사상가에게 깊은 영향을 끼쳤다. 플라톤은 아주 가변적인 이 세상에 대하여 불변의 세계가 있다고 주장하였다. 그 세계를 이데아의 세계라고 하였다. 이것은 기독교에 영혼불멸사상을 깊이 심는데 지대한 영향을 끼쳤다. 헬라 철학자들은 인간이 육체와 영혼이라는 두 기본 요소로 이루어져 있다고 생각했다. 육체는 가변적인 이 세상에 속한 것이고 영혼은 신적 세계에서 온 것이라고 생각했다. 그들은 진정한 인간은 영혼이며 육체는 영혼이 거하는 집이나 옷이라고 생각했다. 불멸하는 영혼의 궁극적 운명은 육체에서 해방되는 것이었다.

초대교회의 헬라인 교부들이나 로마인 교부들은 이런 헬라철학과 기독교 신앙을 연관시켜 설명하는 것을 사명으로 생각했다. 이런 과정을 통하여 헬라 사상은 기독교 사상으로 전환되었고, 그들의 생각으로 가능한 한 기독교 사상에 적합하지 않다고 생각되는 것은 제거하려고 최선을 다했다. 그러나 이런 과정에서 헬라철학 사상도 변하였고, 아울러 기독교 사상도 변질되었다(이상은 위에 말한 토니 레인의 책 19~25까지 내용을 인용한 것이다).

1950년에 스위스 신학자 오스카 쿨만은 "죽은 자의 부활이냐? 영혼불멸이냐?"라는 논문을 발표하여 개신교계를 경악하게 하였다. 그는 초기 기독교에는 영혼불멸 사상이 없었다고 단언하였다. 그들은 죽은 자의 부활을 확신하고 전하였다. 그러나 헬라사상이 기독교에 들어오면서 죽은 자의 부활 신앙 대신에 영혼불멸론이 자리를 차지하게 되었다고 설파하였다. 한참 개신교계가 술렁거렸다.

성경의 가르침에 굳게 서서 살피면 쿨만의 이 깨달음은 참으로 성경적인 깨달음이다. 영혼불멸은 결코 성경의 가르침이 아니다. 그것은 태초에 뱀이 여자를 유혹하면서 한 말이다.

"뱀이 여자에게 이르되 너희가 결코 죽지 아니하리라 너희가 그것을 먹는 날에는 너희 눈이 밝아 하나님과 같이 되어 선악을 알 줄을 하나님이 아심이니라"(창 3:4, 5).

하나님은 선악을 알게 하는 나무의 실과를 먹는 날에는 정녕 죽으리라고 하셨는데, 뱀은 결코 죽지 아니하리라고 했다. 히브리 원문을 직역하면 하나님께서는 그것을 먹는 날에는 "죽는다, 죽는다."라고 하셨는데, 뱀은 "안 죽는다, 안 죽는다."라고 맞장을 놓은 것이다.

그러나 사람이 죽자, 뱀의 말이 거짓이라는 것이 백일하에 드러나게 되자 사단은 몸이 안 죽는다고 한 것이 아니고 영혼이 안 죽는다고 한 것이라는 사상을 만들어 퍼뜨린 것이다. 온 세상이 사단의 이 주장에 빠져 있다. 모든 종교가 이 사상을 기초로 하고 있다. 미신도, 무당이나 점쟁이도 다 이 사상을 공유하고 있다. 온 세상이 이 사상으로 통일되어 있다. 기독교도 이 사상을 교리로 가지고 있다. 예수 그리스도의 종교가 사단의 거짓말을 기초 교리로 가르친다는 것은 경악을 금할 수 없는 것이다. 변질의 절정이다. 앞에서 말한 대로 헬라철학이 이론화하여 학문으로 만들어서 고급 사상처럼 보이게 포장을 하고 슬그머니 기독교를 장악하였다. 영원지옥설이나 면죄부 사상이나 모두 영혼불멸사상을 기초로 하여 형성된 것들이다.

영혼불멸사상을 공유하고 있기 때문에 모든 종교가 연합할 수 있고 다원주의가 설 자리를 얻게 된 것이다. 변질의 극치이다.

오늘날 세상에 교회라는 이름으로 활동하는 개신교나 가톨릭이나 모두 이런 변질의 극치를 마치 성경의 가르침인 냥 믿고 전하고 있다. 그렇게 가르치고 믿는 기독교는 결코 성경이 가르치는 교리와 신앙을 가진 기독교가 아니다. 적그리스도교이며 변질된 기독교일 뿐이다.

제8장
배도에 대한 예언

1. 다니엘의 예언

성경의 하나님 여호와는 전지(全知)하신 분이시다. 그분은 세상 역사의 시종을 다 보시고 아신다.

하나님의 전지성은 예정설과 맞물려 우리들의 인식에 혼란을 일으키지만 처음부터 종말을 보시는 분이라는 성경의 계시는 변경하거나 다른 뜻으로 해석하는 것은 합당한 것이 아니다.

"내가 종말을 처음부터 고하며 아직 이루지 아니한 일을 옛적부터 보이고 이르기를 나의 모략이 설 것이니 내가 나의 모든 기뻐하는 것을 이루리라 하였노라"(사 46:10).

그러므로 하나님은 세상 역사의 시작과 진행과 결과를 다 아시고 미리 말씀하실 수 있는 분이시다.

이런 사실을 말하면 성경의 하나님이 "창조한 사람이 범죄할 것을 알면서 왜 선악과를 만들어서 범죄 하도록 했는가?"라는 질문을 한다. 독자들이 동의할지는 모르지만 성경은 그런 의문에 대하여 확실한 답을 제시하고 있는데, 사람들이 잘 찾지를 못하고 있을 뿐이다. 그러나 여기는 이 문제를 거론하려는 것이 아니다.

기독교의 변질에 대하여 예언한 사실들을 성경에서 찾아보려는 것이다. 처음부터 종말을 말씀하시는 하나님이시기 때문에 기독교의 역사적 진행과 어떻게 변질될 것인지 미리 말씀하신 것을 성경으로 확인하려는 것이다.

이런 문제를 확실히 알기 위하여 "하나님께서 교회라는 조직을 세상에 왜 만드셨는가" 하는 것을 먼저 이야기하는 것이 차례일 것 같다. 교회의 변질, 교회라고 하면 바로 기독교의 교회이다. 교회의 변질은 기독교의 변질이고 교회는 세상에 기독교가 조직체로 존재하는 방식이기 때문에 교회에 대한 이해는 중요하다.

교회라는 단어는 헬라어 에클레시아를 번역한 말이다. 신약성경에 교회라고 번역된 말은 약 110회쯤 되는데 다 에클레시아를 번역한 것이다. 그런데 에클레시아가 교회라고 번역되지 않은 것이 한 번 있다. 사도행전 19장39절이다.

"만일 그 외에 무엇을 원하거든 정식으로 민회에서 결단할지라." 여기 민회(民會)라는 말이 에클레시아이다. 민회는 국민들이 국가, 사회, 지역의 일들을 의논하기 위하여 당국으로부터 소집되어 나온 집회를 뜻한다. 반상회 같은 것이 민회에 해당되는 것이다. 민회는 소집된 목적이, 모인 개인의 일을 의뇨하기 위한 것이 아니라 그 지역이나 사회적인 일을 의논하기 위하여 당국자들에 의하여 소집되는 것이다. 에클레시아라는 말은 "……로부터 불려나온"이라는 뜻이다. 공동체의 일을 의논하고 추진하기 위하여 당국자들로부터 불려나온 사람들의 모임이라는 말이다. 그런데 신약성경 기자들이 바로 헬라의 이런 민회를 나타내는 단어를 하나님의 사업을 위하여 하나님의 부름을 받아 나온 사람들에게 전용(轉用)하였다. 그리고 민회라는 의미로서가 아니라 교회라는 의미로 사용한 것이다.

정리하면 교회는 이 세상에서 하나님의 일을 하기 위하여 하나님이 불러내어 모이게 한 조직이다.

성경은 이런 교회를 "만일 내가 지체하면 너로 하나님의 집에서 어떻게 행하여야 할 것을 알게 하려함이니 이 집은 살아 계신 하나님의 교회요 진리의 기둥과 터이니라"(딤전 3:15)고 정의하였다.

교회는 하나님의 진리의 기둥이요 터전이다. 교회에서 하나님의 진리가 온 세상에 증거 되어야 한다. 뿐만 아니다.

"이는 이제 교회로 말미암아 하늘에서 정사와 권세들에게 하나님의 각종 지혜를 알게 하려 하심이니"(엡 3:10)라고 하여 하늘의 정사와 권세들도 교회를 통하여 하나님의 지혜를 알게 한다고 하였다.

이것이 교회를 세우신 하나님의 목적이다. 하나님의 진리는 세부적으로 말하면 많은 내용을 말해야 하겠지만, 한 마디로 말하면 이 세상에 하나님의 생명의 복음을 전파하여 세상을 사망에서 생명으로 옮기는 일을 수행하는 조직이다.

오늘날 세상에는 종교가 많다. 그러나 모든 종교가 도덕적으로 권선징악과 인과응보와 신상필벌의 사상이 기초가 되어 있다. 그것은 인생은 불멸이라는 것이 전제된 것이다. 사람은 영원히 죽지 않는다. 다만 세상에 있는 동안 도덕적으로 선하게 산 사람은 천국이나 극락에 가서 행복한 중에 영생하고, 도덕적으로 악하게 산 사람은 지옥에 가서 고통 중에 영생한다고 가르친다. 그래서 육신이 죽은 후에 영혼이라는 인격적 개체가 행복한 중에 영생하려면 세상에서 선하게 살아야 한다. 그들의 종교는 선하게 사는데 유익하다. 또한 그들의 종교의 신은 사람을 선하게 살게 하고 또 죽은 후에 지옥에 가지 않도록 사람을 도와준다. 이런 사상이 대부분의 종교의 보편적인 사상이다.

그런데 성경의 종교는 이런 사상이 아니다. 성경은 이 세상에 사는 사람들은 산 사람이 아니고 이미 죽은 사람이라는 것을 분명히 계시하고 그 죽은 사람이 생명을 얻는 길을 제시한다.

번연히 살아 있는 사람을 성경은 왜 죽었다고 하는가?

이것을 성경은 오해할 수 없도록 잘 설명해 놓았다. 창세기에 하나님이 천지를 창조한 사실을 기록하면서 이 지구에 사람이 어떻게 존재하게 되었는지를 기록하였다. 그것은 여호와 하나님께서 사람을 자기의 형상대로 창조하였기 때문이다. 그 사람에게 생육하고 번성하여 땅에 충만하라고 복을 주셨다. 창조주께서 창조한 그 상태를 계속 유지하려면 선악과 외에 생명과를 비롯한 모든 나무의 실과를 마음대로 먹으면 된다. 그러나 여호와 하나님이 창조해주신 것을 유지하기를 원하지 않으면 선악과를 먹으면 된다. 그러면 창조주 여호와 하나님께서는 너희 사람들이 창조해준 상태대로 생존하기를 원하지 않는 것으로 확인하고 창조해준 존재와 생명을 회수한다. 그렇게 되면 너희는 창조되지 아니한 것과 같이 된다. 그리고 너희에게서 생육하고 번성할 후손도 존재하지 않게 된다. 그러나 그렇게 되지 않기를 바란다는 명령을 주신 것이다. 그런데 시조가 뱀, 곧 사단의 유혹에 넘어가서 자의지가 아닌 상태에서 선악과를 먹고 말았다. 본의 아니게 생명과 존재를 반납할 수밖에 없는 짓을 한 것이다. 그래서 그들은 존재를 상실하였고 후손은 태어날 수 없게 되었다.

  그러나 창조주 여호와 하나님은 자의가 아닌 상태에서 생명을 반납하게 된 그들에게 생명과 존재를 유지하기 원하는 마음이 진심인 것을 아시고 그들에게 회복할 기회를 주셨다. 그래서 육체의 생명을 일정기간 유지할 수 있게 하셨는데, 그것이 수명이다. 그것은 죽게 되는 기간인데, 그 기간 동안 창조주 여호와 하나님께서 존재와 생명을 회복하도록 조처한 것을 따르면 처음 창조한 상태대로 회복되게 하셨다. 그것을 성경은 구원의 경륜이라고 한다. 이 일을 맡은 백성이 구약성경에서는 아브라함의 후손인 이스라엘 민족과 국가이고 신약에서는 교회이다.

교회는 성경의 하나님 여호와께서 제시한 방법대로 올바르게 하나님의 복된 계획을 세상에 증거하고 아담 안에서 이미 죽은 사람, 즉 살아가는 것이 죽어가는 것인 사람들에게 살아가는 것이 살아가는 것이 되도록 전파해야 한다. 이것이 전도이고 이것이 구원의 소식이다. 그런데 사단이 틈타서 교회라는 이름을 그대로 가지고 있으면서 구원의 복음을 전파한다는 사명을 수행한다고 하면서 약간 변질시켜서 곁길로 빠지도록 한 것이다. 이렇게 교회가 변질이 되었는데, 교회가 변질 되었다는 것은 구원의 복음을 변질시켰다는 것과 같고, 그 복음을 성경은 다른 복음이라고 하였다(고후 11:4).

교회가 변질되는 역사적 사건을 구체적으로 예언한 것은 다니엘서와 요한계시록이다.

다니엘서는 상징적으로 기록된 계시이다. 학자들은 이것이 유대에서 유행한 묵시문학의 형태라고 말한다. 학자들의 말이 맞다고 생각한다. 그렇다면 여호와 하나님께서는 당시 유행하는 문학형태를 빌려서 계시를 기록하게 하신 것이다. 아무튼 다니엘서와 요한계시록은 상징과 표상으로 하나님의 뜻을 기록하되 특히 하나님의 구원의 섭리가 역사적으로 전파되고 진행되는 것과, 그렇게 할 때에 하나님을 대적하는 세력이 어떻게 방해할 것인지를 보여주신 것이다.

구약에서는 하나님이 구원의 복음을 이스라엘 민족과 그 국가에 맡기셨다. 그랬을 때 사단은 민족과 국가를 동원하여 복음을 방해했다. 그래서 다니엘에게 보여주신 계시는 국가와 민족을 동원하여 복음사업을 방해하는 사실을 보여주셨다. 다니엘서가 국가들의 흥망성쇠를 상징적 예언으로 보여주신 이유가 이 까닭이다. 그러나 이 세상의 교회는 국가 안에 있다. 이스라엘 국가를 복음의 전파자로 택하셨지만 복음 전하는 일이 진행되면서 교회를 세우시고 교회가 그 일을 수행할 때에 국가와 교회가 또 어떻게 방해하는지도 계시해주셨다. 이 사실을 국가에서 돋아나는 작은 뿔로 상징하여 계시해주셨다. 그 작은 뿔은 때와 법을 변개하려고 할 것이라고 가르쳐주셨다(단 7:25).

때와 법을 변개하려고 할 것이라는 말은 하나님의 법을 변경하려고 시도하는 것을 가르치는 말씀이다. 이런 일을 작은 뿔로 표상된 세력이 할 것인데, 이 작은 뿔은 정권과 교권을 함께 가지고 권세를 행사하는 조직임을 가르쳐주셨다. 이것이 바로 교회가 변질될 것을 가르쳐주는 계시이다. 때와 법을 변개하고자 한다는 말은 하나님의 계명을 고치려고 하는데 특히 때와 관련된 법을 고치려고 한다는 것을 지적한다. 하나님의 계명에서 때와 관련된 법은 제4계명뿐이다. 제7일 안식일을 거룩하게 지키라는 계명이다. 이유는 여호와 하나님께서 천지와 만물을 엿새 동안 창조하시고 제7일에 안식하셨기 때문이라고 말씀하신다.

그런데 오늘날 기독교는 제7일 안식일이 아니고 제1일을 주일이라고 하면서 성일이라고 하고 성수해야 한다고 교리와 신조로 정했다. 때에 대한 법을 변개(變改)한 것이다. 성경의 종교와 성경적 신앙을 성경과 상관없는 교리로 만들어 기독교라는 이름을 가졌으나 성경의 진리와 사람이 만든 법을 섞어서 혼잡하게 한 것이다. 바벨론을 만든 것이다. 창세기 11장9절에 의하면 바벨론의 어원은 혼잡이다. 성경의 종교를 아주 교묘하게 변질시킨 것이다.

다니엘 8장에 가면 그 작은 뿔은 성소를 헐고 매일의 봉사를 자기가 차지하고 진리를 땅에 던질 것이라고 가르쳐주셨다(단 8:9~13).

성소는 예수 그리스도께서 인류를 속죄하기 위하여 행하시는 구원의 도리를 가르쳐주는 시청각 교재이다. 구원의 도리를 성소의 구조와 기구와 봉사를 통하여 아주 구체적으로 가르쳐주는 도구이다. 그런데 이 작은 뿔은 그것을 헐었다. 이 말은 사람들이 예수께서 구원하시는 도리를 구체적으로 깨닫지 못하게 했다는 의미이다. 또 매일의 봉사를 작은 뿔이 차지했다. 매일의 봉사의 중심이 속죄봉사이다. 작은 뿔로 상징된 이 조직은 속죄를 인간이 담당한다고 규정했다. 사제가 담당하는 것이다. 그래서 예수께서 행하시는 속죄봉사를 사람들이 모르도록 했다. 죄를 범한 사람은 사제를 찾아가서 고해성사를 하면 되는 것이다. 보이지 않는 예수께 기도하는 것보다 보이는 사제에게 죄를 고백하고 용서의 선언을 들으면 마음이 가쁜 하고 홀가분해질 것이다. 그러나 그것은 참람한 일이다. 하나님 앞에 지은 죄를 사할 자격이 있는 피조물은 없다. 오직 하나님만이 죄를 사할 수 있을 뿐이다. 그뿐이 아니다. 이 작은 뿔로 상징된 것은 진리를 땅에 던졌다. 즉 성경을 기록된 대로 받아들이지 않고 사람이 해석한 그것을 받아들이게 했다. 대표적인 것이 제7일 안식일 대신에 제1일 일요일을 성경을 믿는 신앙생활의 중요한 성일이라고 한 것이다. 사람의 계명으로 가르친 것이다.

"가라사대 이사야가 너희 외식하는 자에 대하여 잘 예언하였도다. 기록하였으되 이 백성이 입술로는 나를 존경하되 마음은 내게서 멀도다. 사람의 계명으로 교훈을 삼아 가르치니 나를 헛되이 경배하는도다 하였느니라" (막 7:6, 7).

작은 뿔이 한 일이다. 오늘날 기독교가 사람의 계명을 마치 하나님의 말씀인 성경의 내용인 것처럼 가르치고 있다. 변질된 것이다.

하나님은 다니엘에게 이런 사실을 미리 상징으로 보여주시면서 바르게 깨달아서 이런 변질된 조직에 머물러 있지 말라고 했지만, 전통과 형성된 문화와 교육에 젖어서 이것을 깨닫지 못하고 이런 것을 지적할 때에 오히려 강하게 매도하는 것이다.

2. 계시록의 예언

구약성경의 다니엘서와 신약성경의 요한계시록은 이 세상 역사적 사건을 하나님의 구원의 섭리와 복음을 전하는 것을 중심으로 예언한 역사적 예언의 상하권 같은 관계를 가진 책이다.

다니엘서가 국가 중심으로 역사적 사건을 계시한 책이라면, 계시록은 교회 중심으로 역사적 사건을 계시한 책이다. 이미 말한 대로 다니엘서는 하나님께서 이스라엘 민족과 국가에게 구원의 복음 관리와 전파를 맡겼기 때문에 사단이 주위의 강국들을 동원하여 복음 전파를 막기 위하여 어떻게 활동하는가를 계시로 가르쳐 주셨다. 그래서 하나님의 백성이 대비하게 한 것이다. 종교는 국가 안에서 형성되고 국민들이 믿게 되는 것이기 때문에 그 존속에 있어서 국가와 밀접한 관계를 가질 수밖에 없다. 그래서 국가를 중심으로 예언을 주시면서 그 국가 안에서 복음을 전하는 종교가 형성되고 국가와의 관계 속에 어떻게 변질되는지를 함께 계시한 것이다.

그런데 하나님의 선민과 선택된 국가로서의 이스라엘은 그들에게 허락한 권고 받는 날인 70이레의 기간이 끝나면서 복음을 맡았던 직무와 특권을 상실하게 되었다. 그들은 이방인과 동일하게 된 것이다. 예수님은 이스라엘이 권고 받는 날을 알지 못하기 때문에 멸망할 것을 안타까워하셨다.

"가까이 오사 성을 보시고 우시며 가라사대 너도 오늘날 평화에 관한 일을 알았더면 좋을 뻔하였거니와 지금 네 눈에 숨기웠도다 날이 이를지라 네 원수들이 토성을 쌓고 너를 둘러 사면으로 가두고 또 너와 및 그 가운데 있는 네 자식들을 땅에 메어치며 돌 하나도 돌 위에 남기지 아니하리니 이는 권고 받는 날을 네가 알지 못함을 인함이니라 하시니라"(눅 19:41~44).

권고 받는 날은 다니엘서 9:24에 기록된 기간이다. 그것은 70이레 기간인데 이 기간은 유대인과 예루살렘 성을 위한 기간이다. 이 기간 안에 메시야가 오시고 제사와 예물이 더 이상 필요 없게 될 것이다. 제사와 예물은 메시야가 와서 이룰 속죄를 표상하는 의식(儀式)이었는데, 메시야가 와서 친히 제사와 예물의 실상이 되어 그 표상하던 것을 성취했기 때문에 필요가 없게 되는 것이다. 그 기간이 70이레인데, 70이레는 70×7로 490일이다. 그런데 성경은 상징적 예언의 예언적 기간의 하루는 역사적 날짜로는 일 년이라고 가르쳐주셨다(겔 4:6).

그렇기 때문에 70이레는 490일 곧 490년이 되는 것이다. 이 490년 기간이 유대인에게 할당된 권고 받는 날이요 평화에 관한 일을 깨달아야 하는 기간이었다. 이 기간이 지나가면 하나님의 선민으로서 유대인의 특권은 끝나는 것이다. 그런데 예언한 대로 그 기간에 메시야 예수께서 오셨다. 그리고 정말 예수께서 30세가 되었을 때 공중들에게 봉사하는 일을 시작하셨고, 다니엘 9장27절에 예언한 대로 3년 반이 되었을 때 십자가에서 죽으심으로 속죄 제물이 되어 그를 믿기만 하면 죄 사함을 받도록 했기 때문에 제사와 예물이 필요 없게 하셨다. 유대인들은 권고 받는 날을 알지 못함으로 민족과 국가적으로 메시야를 영접하지 못했던 것이다. 오히려 이방인인 로마에 요청하여 구주를 배척하고 십자가에 못 박게 한 것이다.

"이 지혜는 이 세대의 관원이 하나도 알지 못하였나니 만일 알았더면 영광의 주를 십자가에 못 박지 아니하였으리라"(고전 2:8).

그러나 그것이 오히려 영원한 속죄를 이루는 길이 되게 했다.

이 말에 대하여 오해해서는 안 된다. 유대인이 예수를 메시야로 영접하고 십자가에 죽도록 내어주지 않았으면 예수께서 대속의 죽음을 죽지 않았을 것이라는 말이 아니다. 지금은 우리가 알 수 없지만 메시야 구주는 아담 안에서 죽은 인류의 사망을 처리하셨을 것이다. 성경은 이렇게 증언한다.

"그러므로 내가 말하노니 저희가 넘어지기까지 실족하였느뇨 그럴 수 없느니라 저희의 넘어짐으로 구원이 이방인에게 이르러 이스라엘로 시기 나게 함이니라 저희의 넘어짐이 세상의 부요함이 되며 저희의 실패가 이방인의 부요함이 되거든 하물며 저희의 충만함이리요"(롬 11:11, 12).

이렇게 하여 그들에게 허락된 특별한 은혜의 기간인 70이레를 메시야를 배척하고 십자가에 못 박는데 써버렸다. 그 결과 그들이 이방과 연합하여 이방의 하나로 여기게 되었다.

"사도들이 놓이매 그 동류에게 가서 제사장들과 장로들의 말을 다 고하니 저희가 듣고 일심으로 하나님께 소리를 높여 가로되 대주재여 천지와 바다와 그 가운데 만유를 지은 이시요 또 주의 종 우리 조상 다윗의 입을 의탁하사 성령으로 말씀하시기를 어찌하여 열방이 분노하며 족속들이 허사를 경영하였는고 세상의 군왕들이 나서며 관원들이 함께 모여 주와 그 그리스도를 대적하도다 하신 이로소이다 과연 헤롯과 본디오 빌라도는 이방인과 이스라엘 백성과 합동하여 하나님의 기름 부으신 거룩한 종 예수를 거스려 하나님의 권능과 뜻대로 이루려고 예정하신 그것을 행하려고 이 성에 모였나이다"(행 4:23~28).

이 말씀은 이스라엘이 이방인과 합동하여 메시야를 거슬렀다고 증언한다. 그들은 열방이 분노하는 그 무리에 함께 속하여 열방 중에 하나가 된 것이다. 이리하여 그들은 선민의 자격이 끝난 것이다.

이제 이 선민은 교회로 돌아갔다. 그래서 교회를 하나님의 이스라엘이라고 한다.

"그러나 내게는 우리 주 예수 그리스도의 십자가 외에 결코 자랑할 것이 없으니 그리스도로 말미암아 세상이 나를 대하여 십자가에 못 박히고 내가 또한 세상을 대하여 그러하니라 할례나 무할례가 아무것도 아니로되 오직 새로 지으심을 받은 자뿐이니라 무릇 이 규례를 행하는 자에게와 하나님의 이스라엘에게 평강과 긍휼이 있을지어다"(갈 6:14~16).

이제는 구원의 복음을 온 세상에 증거 하는 일은 교회에게 맡겨졌다. 이 교회가 역사의 현장에서 어떻게 발전되고 진행될 것이며 교회가 그렇게 발전되어 가는 동안 사단이 어떤 방해공작을 할 것인지 교회 역사를 중심으로 세상의 역사적 진행에 대하여 계시한 것이 요한계시록이다.

계시록은 일곱 교회에 대한 계시가 교회의 역사적 진행에 대한 내용인데, 버가모 교회와 두아디라 교회에 대한 예언이 바로 교회가 변질되는 사실에 대하여 가르쳐주는 내용이다. 이 시대에 교회는 사단의 위가 있는데 위치할 것이고 자칭선지자 이세벨을 용납하며 발람의 교훈을 받아들일 것이라고 하였다(계 2:12~23).

교회의 변질을 가르쳐주는 표현들이다. 성경은 이렇게 기록한다.

"누가 아무렇게 하여도 너희가 미혹하지 말라 먼저 배도하는 일이 있고 저 불법의 사람 곧 멸망의 아들이 나타나기 전에는 이르지 아니하리니 저는 대적하는 자라 범사에 일컫는 하나님이나 숭배함을 받는 자 위에 뛰어나 자존하여 하나님 성전에 앉아 자기를 보여 하나님이라 하느니라"(살후 2:3, 4).

이것이 바로 변질된 교회의 실상을 확실하게 가르쳐주는 말씀이다.

예수께서 제자들을 택하실 때에 학문 없는 범인들을 택하였다(행 4:13).

그들은 진리를 배우는데, 세상 학문의 물이 들지 않았기 때문에 예수님께 배우는 그대로 받아들일 수 있었다. 사람이 많이 배우고 지식이 많으면 다른 사람의 가르침이 순수하게 전달되기 어렵다. 이미 배운 것이 여과장치가 되어서 걸러지고 자기의 기존 지식으로 판단하여 취할 것만 취하고 자기의 지식과 판단에 맞지 않는다고 생각하면 받아들이지 않게 된다.

이런 인간의 상태를 잘 아시는 예수께서 그런 여과장치가 없는 사람들을 택하신 것이다. 그들은 예수께서 하시는 말씀을 다 이해하지 못했지만 예수님의 교훈을 거절하고 비판하지 않았다. 예수님은 하나님의 아들로 세상에 오셔서 천국복음을 전파하셨다. 그것은 세상의 학문이 아니다. 사람들이 마음으로 생각하지도 못한 것이었다. 그것을 세상의 학문과 문화와 사상과 풍습에 의하여 여과하면 천국 복음의 진리를 변질될 수밖에 없는 것이다. 성경은 이 사실을 분명히 지적하여 기록하였다.

"너희 믿음이 사람의 지혜에 있지 아니하고 다만 하나님의 능력에 있게 하려 하였노라 그러나 우리가 온전한자들 중에서 지혜를 말하노니 이는 이 세상의 지혜가 아니요 또 이 세상의 없어질 관원의 지혜도 아니요 오직 비밀한 가운데 있는 하나님의 지혜를 말하는 것이니 곧 감추었던 것인데 하나님이 우리의 영광을 위하사 만세 전에 미리 정하신 것이라 이 지혜는 이 세대의 관원이 하나도 알지 못하였나니 만일 알았더면 영광의 주를 십자가에 못 박지 아니하였으리라 기록된바 하나님이 자기를 사랑하는 자들을 위하여 예비하신 모든 것은 눈으로 보지 못하고 귀로도 듣지 못하고 사람의 마음으로도 생각지 못하였다 함과 같으니라"(고전 2:5~9).

계시록은 교회가 이렇게 변질될 것을 미리 경고하였다. 처음부터 종말을 다 보시는 하나님께서 그의 사랑하는 구원의 후사들을 위하여 이렇게 하신 것이다. 예언대로 교회는 그렇게 변질되어 오늘까지 이어지고 있다.

3. 예수님과 사도들의 경고

다니엘과 계시록에 교회 역사적으로 진행되면서 그런 일이 역사적 사건으로 일어나는지를 가르쳐준 것이라면 예수님과 사도들은 그런 일이 어떤 내용으로 일어날 것인지 오해할 수 없도록 말씀해주셨다.

예수께서는 사람들에게 미혹되지 않도록 조심하라고 하셨다.

"예수께서 대답하여 가라사대 너희가 사람의 미혹을 받지 않도록 주의하라 많은 사람이 내 이름으로 와서 이르되 나는 그리스도라 하여 많은 사람을 미혹케 하리라"(마 24:4, 5).

예수 그리스도의 이름으로 성경이 가르치는 그대로의 계시의 진리를 왜곡시키고 미혹하게 할 것이라고 경고하신 것이다. 또한 거짓선지자들이 많이 일어날 것을 경고하셨다.

"거짓 선지자가 많이 일어나 많은 사람을 미혹하게 하겠으며"(마 24:11) 또 "거짓 선지자들을 삼가라 양의 옷을 입고 너희에게 나아오나 속에는 노략질하는 이리라"(마 7:15)고 경고하셔서 이리가 양의 옷을 입고 교회 안에서 교인인 것처럼 또 지도자처럼 행세할 것을 경고하셨다. 사도들도 이 문제에 대하여 경고하기를 잊지 않았다. "내가 떠난 후에 흉악한 이리가 너희에게 들어와서 그 양 떼를 아끼지 아니하며 또한 너희 중에서도 제자들을 끌어 자기를 좇게 하려고 어그러진 말을 하는 사람들이 일어날 줄을 내가 아노니 그러므로 너희가 일깨어 내가 삼 년이나 밤낮 쉬지 않고 눈물로 각 사람을 훈계하던 것을 기억하라 지금 내가 너희를 주와 및 그 은혜의 말씀께 부탁하노니 그 말씀이 너희를 능히 든든히 세우사 거룩케 하심을 입은 모든 자 가운데 기업이 있게 하시리라"(행 20:29~32).

교회는 예수께서 구원의 복음을 전파하기 위하여 구원받아야 할 사람들이 있는 이 세상에 특별히 설립한 기관이다. 사람의 구원을 원하지 않는 세력인 사단은 모든 능력을 동원하여 교회가 구원의 복음을 바르게 가르치고 전파하지 못하게 하려고 혼신의 노력을 기울인다. 그가 찾은 가장 좋은 방법이 교회 내부에 침입하여 구원의 진리를 왜곡시키는 것이다. 그래서 복음을 다른 복음이 되게 하는 것이다. 복음처럼 보이지만 전혀 복음이 아니다.

"만일 누가 가서 우리의 전파하지 아니한 다른 예수를 전파하거나 혹 너희의 받지 아니한 다른 영을 받게 하거나 혹 너희의 받지 아니한 다른 복음을 받게 할 때에는 너희가 잘 용납하는구나"(고후 11:4).

이렇게 하기 위하여 사단은 자신을 광명한 천사로 가장한다. 그의 일꾼들을 의의 일꾼처럼 가장한다. 이렇게 하여 교회 안에 들어와서 교회를 차지하는 것이다. 이것이 그의 전략이고 가장 성공한 것이다. "저런 사람들은 거짓 사도요 궤휼의 역군이니 자기를 그리스도의 사도로 가장하는 자들이니라 이것이 이상한 일이 아니라 사단도 자기를 광명의 천사로 가장하나니 그러므로 사단의 일꾼들도 자기를 의의 일꾼으로 가장하는 것이 또한 큰 일이 아니라 저희의 결국은 그 행위대로 되리라"(고후 11:13~15).

이런 사람들은 하나님의 말씀을 혼잡하게 한다. 사도들이 생존할 당시에도 이런 일이 있었다고 성경은 가르쳐준다.

"우리는 수다한 사람과 같이 하나님의 말씀을 혼잡하게 하지 아니하고 곧 순전함으로 하나님께 받은 것같이 하나님 앞에서와 그리스도 안에서 말하노라"(고후 2:17).

말씀을 혼잡케 하는 사람이 수다하다고 했다. 이런 사람들이 역사적으로 끊이지 않았다. 마침내 기독교가 로마에 전파 되면서 많은 학자들, 특히 철학자들이 교회로 들어오게 되었다. 그들은 유식한 사람들이며 이미 학문이 경지에 이른 자들이었다. 그들이 교회에 들어와서 성경의 진리를 순수하게 받아들이는 것이 아니고 성경을 자기들이 배우고 알고 있는 철학이나 세상의 학문으로 해석하기 시작하였다. 초기 기독교의 교부들 중에는 유대인이 하나도 없었다. 다 헬라 문화와 교육과 사상에 깊이 젖어 있는 사람들이었다.

"초대교회의 교부들은 대부분 유대인이 아닌 그리스인과 로마인이었다. 그들은 자신이 받아들인 기독교 신앙을 동시대 사람들에게 속하면서 그들의 사고양식, 즉 그리스 철학과 관련시켜서 소개하려 애썼다." (기독교 인물 사상 사전, 23쪽) 위 7장에서 이미 인용한 말인데 이 책은 초대교부들이 이런 신분으로 그리스 철학이 교회에 들어오게 된 것을 잘 설명했다.

사람이 가장 피하지 못하는 것이 문화 영향이라고 생각된다. 또 학문을 하면 역시 배운 지식이 뇌에 깊이 물들어 있어서 사물을 볼 때 그 지식이 사물을 여과시킨다. 사도 바울은 이런 것을 잘 알고 있었기 때문에 그렇게 하지 말라고 권고한다.

"누가 철학과 헛된 속임수로 너희를 노략할까 주의하라 이것이 사람의 유전과 세상의 초등 학문을 좇음이요 그리스도를 좇음이 아니니라" (골 2:8).

오직 기록한 말씀 안에서 진리를 깨달으라고 가르친다.

"형제들아 내가 너희를 위하여 이 일에 나와 아볼로를 가지고 본을 보였으니 이는 너희로 하여금 기록한 말씀 밖에 넘어가지 말라 한 것을 우리에게서 배워 서로 대적하여 교만한 마음을 먹지 말게 하려 함이라"(고전 4:6).

사도바울이나 사도요한은 그들이 생존한 그 시대에 이미 하나님의 말씀 성경을 혼잡하게 하고 철학과 사람의 유전, 즉 문화영향을 배제하라고 권고한 것이다. 요한도 "지내쳐 그리스도 교훈 안에 거하지 아니하는 자마다 하나님을 모시지 못하되 교훈 안에 거하는 이 사람이 아버지와 아들을 모시느니라"(요이 1:9).

당시에 많은 사람들이 그리스도 교훈 안에 거하지 않고 지나쳐갔다. 그래서 그들은 유행하는 철학으로 하나님의 말씀 성경을 설명하고 이해하려고 노력하였다. 그랬으니 세월이 흐르면서 로마, 그리스 문화권에 기독교가 전파되자 학자들이 기독교 신앙을 받아들이면서 바울이 염려한 그런 현상이 일어난 것이다. 그래서 하나님의 계시의 말씀을 인간의 학문으로 설명하려고 노력하는 일이 생기면서 순수한 말씀이 아니라 인간의 사상이 스며든 교리와 신조를 만들기 시작한 것이다. 그래서 역사가 이어오면서 기독교가 성경과 다른 사상과 교리와 신조로 물들면서 변질된 것이며 그것이 지금까지 그대로 이어져 오고 있는 것이다.

성경은 성경을 풀이하는 것을 인간의 학문에 맡긴 일이 없다. 성경의 해석은 전적으로 하나님께 있다. 저자가 해석하는 것은 가장 확실한 해석이다.

"그들이 그에게 이르되 우리가 꿈을 꾸었으나 이를 해석할 자가 없도다 요셉이 그들에게 이르되 해석은 하나님께 있지 아니하니이까 청컨대 내게 고하소서"(창 40:8).

성경은 꿈과 환상으로 하나님께서 그의 선지자들에게 지시한 것을 기록한 것이다. 그러므로 해석은 그 계시를 주신 하나님께 있는 것이다.

하나님이 어떻게 해석해 주신다는 말인가? 바로 성경 안에 해석이 있다는 말이다. 성경을 연구하는 사람들은 이것을 찾는 지혜를 성령께 구하여야 한다. 그래서 성령의 지도로 오직 성경이 성경을 해석하는 그 원리를 따라서 해석할 때 세상 문화의 영향이나 학문과 지식의 영향에서 벗어나서 순수하게 하나님의 뜻을 깨달을 수 있다.

예수께서는 이런 변질이 있을 것을 미리 다 보시고 경고하시면서 올바르게 오직 하나님에 의하여 성경이 해석되어야 하는 일을 위하여 성령을 보내실 것이라고 약속하셨다.

"내가 아직도 너희에게 이를 것이 많으나 지금은 너희가 감당치 못하리라 그러하나 진리의 성령이 오시면 그가 너희를 모든 진리 가운데로 인도하시리니 그가 자의로 말하지 않고 오직 듣는 것을 말하시며 장래 일을 너희에게 알리시리라"(요 16:12, 13).

바울도 이 사실을 깨닫고 같은 사실을 기록하여 경고하였다.

"기록된 바 하나님이 자기를 사랑하는 자들을 위하여 예비하신 모든 것은 눈으로 보지 못하고 귀로도 듣지 못하고 사람의 마음으로도 생각

지 못하였다 함과 같으니라 오직 하나님이 성령으로 이것을 우리에게 보이셨으니 성령은 모든 것 곧 하나님의 깊은 것이라도 통달하시느니라 사람의 사정을 사람의 속에 있는 영 외에는 누가 알리요 이와 같이 하나님의 사정도 하나님의 영 외에는 아무도 알지 못하느니라 우리가 세상의 영을 받지 아니하고 오직 하나님께로 온 영을 받았으니 이는 우리로 하여금 하나님께서 우리에게 은혜로 주신 것들을 알게 하려 하심이라 우리가 이것을 말하거니와 사람의 지혜의 가르친 말로 아니하고 오직 성령의 가르치신 것으로 하니 신령한 일은 신령한 것으로 분별하느니라 육에 속한 사람은 하나님의 성령의 일을 받지 아니하나니 저희에게는 미련하게 보임이요 또 깨닫지도 못하나니 이런 일은 영적으로라야 분변함이니라"(고전 2:9~14).

　세상 문화와 세상의 학문으로 성경을 풀이하려고 하면 사단의 함정에 빠질 우려가 크다.

　이해를 위하여 간단한 예를 들어보려고 한다.

　필자가 어느 집회에서 성경은 오직 하나님의 생각으로 성경이 성경을 해석하는 원칙으로 해석하고 이해하야 한다고 말하자, 어느 청중이 이의를 제기하였다. 성경이 이미 하나님의 생각으로 기록하게 한 것인데, 또 하나님의 생각으로 해석한다는 것이 무슨 말이냐는 것이다. 나는 그에게 출애굽기 3장 6절이 무슨 뜻이냐고 물었다.

　"또 이르시되 나는 네 조상의 하나님이니 아브라함의 하나님, 이삭의 하나님, 야곱의 하나님이니라 모세가 하나님 뵈옵기를 두려워하여 얼굴을 가리우매"(출 3:6).

  그 질문자는 그것은 여호와 하나님이 이스라엘의 조상의 하나님이시기 때문에 그 후손이 너희들의 하나님이라는 뜻이 아니냐고 반문하였다. 그 이해가 틀린 것이 아니다. 당연히 그렇다. 그러나 또한 성경이 어떻게 그 구절을 해석했는지 성경으로 그 해석을 찾은 것이 성경 연구자의 마땅한 태도이다. 나는 마가복음 12장 18~27절의 말씀을 읽어보라고 하였다. 부활이 없다고 하는 사두개인들이 그들의 주장을 증거하기 위하여 일곱 형제가 한 여자에게 장가들었다가 다 죽은 후에 부활하면 그 여자는 누구의 아내가 될 것인지 묻는데 예수께서 대답하신 내용이다. 예수님은 "사람이 죽은 자 가운데서 살아날 때에는 장가도 아니 가고 시집도 아니가고 하늘에 있는 천사들과 같으니라 죽은 자의 살아난다는 것을 의논할진대 너희가 모세의 책 중 가시나무떨기에 관한 글에 하나님께서 모세에게 이르시되 나는 아브라함의 하나님이요 이삭의 하나님이요 야곱의 하나님이로라 하신 말씀을 읽어 보지 못하였느냐 하나님은 죽은 자의 하나님이 아니요 산 자의 하나님이시라 너희가 크게 오해하였도다 하시니라"(막 12:25~27).

  이 구절에서 예수님은 모세에가 하신 말씀 아브라함의 하나님, 이삭의 하나님, 야곱의 하나님이라고 한 말씀이 죽은 자의 살아난다는 것에 대하여 하신 말씀이라고 해석하였다. 곧 부활에 대한 말씀이라고 해석하여주신 것이다. 성경으로 성경을 해석하는 간단한 예를 들었다. 특히 다니엘과 계시록의 상징적 표현들은 더욱 주의하여 성경이 성경을 해석하는 그 길을 따라야 바른 해석을 얻을 수 있다.

물론 모든 성경구절이 다 그렇게 되어 있다고 장담할 수는 없을지 모르지만 사람의 학문과 문화적 영향이 아니라 오직 성경으로 성경을 해석하는 그 원리는 성경적이며, 해석은 하나님께 있다고 하신 그 말씀의 의미인 것이다.

 이렇게 성경은 기독교의 변질에 대하여 예언하였고 경고하였다. 경고를 바르게만 받아들였다면 변질하지 않았을 것이다. 그러나 하나님께서 처음부터 종말을 보실 때에 교회가 빗나가도록 하는 사단의 공작이 성공할 것을 보신 것이다. 그래서 하나님의 말씀을 올바르게 깨닫는 사람들만이 진리의 수호자로 참 교회를 유지해 갈 것을 보셨다. 그 사실도 다니엘서와 계시록에 예언하셨다. 기회가 되면 그 사실도 이야기해야 하겠지만 여기서는 이쯤하고 다음 장으로 가려고 한다.

제9장
미완성 개혁

1. 개혁이 일어날 것을 예언하심

　교회가 변질될 것을 미리 보시고 경고 예언을 주신 하나님은 또 교회가 변질로부터 개혁할 것을 보셨다.

　로마교회가 세상에서 가장 강한 권력으로 군림하여 세상을 지배할 때 그들은 자신들의 주장을 반대하는 사람들을 무섭게 징벌하였다. 불신자들보다 예수를 믿는 사람들 중에 로마교회의 주장을 반대하고 성경 그대로의 진리를 따라야한다고 주장한 사람들을 징벌하였다. 이단이라는 이름으로 많은 사람이 죽임을 당했다. 그 시대를 세상의 역사가들은 암흑시대라고 말한다. 성경은 그리스도를 세상의 빛이라고 계시하고 그리스도인들도 세상의 빛이라고 하였다. 교회가 세상을 다스리면 그 시대는 광명시대가 되어야 마땅한데 암흑시대가 되었다는 것은 교회를 주관하는 세력이 빛이신 예수 그리스도가 아니고 흑암의 세력인 사단이라는 것을 단적으로 증거 하는 것이다. 어떤 사람은 이 시대에 성경대로 신앙해야 한다고 주장한 그리스도인이 소위 교회 세력에 의하여 줄잡아 5천만 명이 죽임을 당했다고 주장하였다.

이런 시대가 이어나갈 때에 영국에서 위클리프(John Wycliffe, 1320년경 ~ 1384년)가 로마교의 교권에 대하여 성경과 다른 가르침을 주장한다는 것을 신랄하게 비판하였고 성경대로 신앙생활 해야 한다는 것을 강하게 가르쳤다. 그는 롤라드라는 전도단을 조직하고 방방곡곡 방문하여 로마교의 비성경적 교리를 드러내고 성경의 진리를 그대로 따라 신앙생활 할 것을 가르쳤다. 또한 성경을 영어로 번역하여 영어를 하는 사람들은 누구나 읽을 수 있도록 하려고 최선을 다했다. 이유는 당시에 사제들이 성경을 독점하고 교인들은 읽을 수 없도록 조처했을 뿐만 아니라 라틴어 외에는 성경을 번역하지도 못하게 하였다. 교인들이 성경을 읽을 수 없으니까 성경과 아주 다른 교리와 신조를 가르쳐도 그것이 성경과 일치하는 여부를 알 도리가 없었기 때문이다. 위클리프는 성경대로의 진리와 신앙을 위하여 많을 글을 출판하였다.

이 글이 보헤미아의 신앙가 요한 허스(John Hus, 1374~1415)에게 들어가게 되었다. 그는 깊은 감명을 받고 성경대로 신앙해야 한다는 것과 로마교회가 성경적이 아닌 것을 분명히 깨닫고, 위클리프처럼 로마교회의 그릇된 것을 지적하는 글을 썼고 증거 하였다. 그의 친구 제롬도 동참하였다. 그들도 로마교회의 핍박으로 화형에 처해졌고, 위클리프의 무덤은 파헤쳐서 해골을 불사르고 갈아서 강물에 뿌렸다. 그러나 허스의 책은 마르틴 루터에게 읽혀졌고 마침내 그는 개혁의 투사가 되었다.

여기서 종교개혁 역사를 쓰려는 것이 아니다. 성경은 개혁에 대하여 예언하였는데, 그러나 개혁시대에 있었던 개혁이 미완성이 될 것도 예언하였다. "두아디라에 남아 있어 이 교훈을 받지 아니하고 소위 사단의 깊은 것을 알지 못하는 너희에게 말하노니 다른 짐으로 너희에게 지울 것이 없노라 다만 너희에게 있는 것을 내가 올 때까지 굳게 잡으라"(계 2:24, 25).

이 구절은 하나님의 구원의 복음을 교회에 맡긴 후에 교회가 역사적으로 진행하는 과정에 두아디라라는 이름으로 상징된 교회시대를 나타낸다. 물론 다른 해석을 하는 학자들이 아주 많이 있다. 그러나 이미 다니엘과 계시록의 상징적으로 예언한 것이 하나님의 구원의 복음을 누구에게 위탁했느냐하는 것과 관련하여 숙고하면 필자의 설명이 성경적이라는 것을 알게 될 것이다.

아무튼 그런 관점으로 이야기를 진행하고 있다. 두아디라교회 시대가 바로 교회가 권력과 자칭 선지자 이세벨에게 휘둘리는 그 시대의 교회를 상징한다. 그러나 이 시대의 말엽에 개혁이 될 것을 예언한 것이 위에 인용한 계시록 2장 24, 25절의 내용이다. 그러나 그 개혁은 미완성이 될 것이다. 두아디라에 남아 있어 사단의 깊은 것을 알지 못하는 그들에게 다른 짐을 지우지 않을 것이라고 하였다. 그 시대의 개혁은 한계가 있다는 것을 아시는 하나님께서 그들의 몫을 다한 것으로 보시는 것이다. 이것은 개혁할 것이 아직도 남아 있다는 것을 지적한다.

종교개혁시대의 개혁의 핵심 진리는 사람이 죄 사함을 받기 위하여 속죄고행을 할 이유와 필요가 없이 오직 예수 그리스도의 십자가의 공로를 믿음으로 속죄를 받고 구원을 받는다는 것이었다. 사람이 하나님 앞에 의로운 자로 여김을 받는 것은, 사람이 행하는 의로운 행위로도 아니고, 속죄를 위한 엄청난 고행도 아니고, 오직 예수께서 인류의 죄를 사하시려고 십자가에서 모든 죄를 처리하셨다는 것을 진심으로 믿으면 그것을 의로 보시고 모든 죄를 사하여 주신다는 것이다. 그것을 믿음으로 말미암아 의롭다함을 받는다고 말하는 것이다. 한자로 이신득의(以信得義)라고 한다.

루터의 개혁 사상의 핵심이 이것이다. 그래서 오직 성경(sola scriptura), 오직 믿음(sola fide), 오직 은혜(sola gratia)가 그들의 모토였다. 로마교는 죄인이 구원을 얻는데 믿음이 필요하지만 또한 행위도 함께 필요하다고 가르쳤다. 또 죄 사함을 받는 데는 고행으로 속죄해야 한다고 말하였다. 아주 그럴듯한 가르침이다. 이런 가르침은 창세기 2장과 3장에 기록된 사람 창조와 또 사람이 범죄한 것이 진짜로 무엇인지 모르는데서 나온 가르침이다. 그런데 개혁자 루터는 구원을 받는 데는 오직 예수를 믿음으로만 받는 것이라고 주장하였고, 그것을 깨닫도록 하는 것은 오직 성경뿐이며, 그렇게 하는 것은 오직 하나님의 은혜라는 것을 깨닫고 주장한 것이다. 이것은 정말 성경적이다.

그러나 성경은 그것만 가르치는 것이 아니다. 구원을 오직 예수를 믿음으로 얻는 것은 두말할 여지가 없다. 확실하다. 문제는 구원받은 후의 삶에 대한 이야기이다. 오직 믿음으로 구원을 받기 때문에 구원을 받은 후에도 예수를 믿기만 하고 구원받기 전의 상태로 살아가도 괜찮은 것이 아니라는 말이다.

2. 성경이 가르치는 구원의 실상

이 사실을 알기 위하여 성경이 말하는 구원이 무엇인지 알아야 한다. 성경이 말하는 그 구원이 무엇인지 모르면 믿음으로 구원을 받았다는 말도 제대로 이해하지 못한다.

성경이 가르치는 구원을 알기 위하여서는 성경이 말하는 죄가 무엇인지 알아야 한다. 그 죄가 무엇인지 모르면 구원을 모르는 것은 당연하다. 왜냐하면 구원은 죄에서 구원을 받는 것이기 때문이다(마 1:21).

결론부터 말하면 성경이 말하는 구원은 사망에서 생명으로 옮기는 것이다(요 5:24). 구원을 받기 전에는 사망이더니 구원을 받은 후에는 생명이 되었다는 것이다.

이 세상에 태어난 모든 사람은 오직 한 사람 예수님을 제외하고는 예외 없이 다 죄인인데, 그 말은 다 죽는다는 뜻이다. 구원을 받지 아니하면 이 사망의 종노릇을 하는 것이다. 그러나 구원을 받으면 사망에서 해방 되고 생명으로 존재하게 된다는 것이다.

 죄와 사망, 이 문제를 바르게 깨닫는 것이 성경의 구원을 바르게 아는 열쇠이다. 왜냐하면 구원이 바로 죄에서 구원을 받는 것이기 때문이다. 일반적으로 죄는 도덕에 속하는 것이다. 물론 국법을 범하는 수가 있다. 체제에 반대하면 국법을 범하는 죄가 되겠지만, 양심적으로 죄가 안 되는 경우가 있다는 것을 사회는 인정한다. 그래서 그들을 양심수라고 말하지 않는가. 이처럼 국법을 범하는 정치범들에 대한 것 외에는 아마도 대부분이 도덕적으로 잘못하는 것을 죄라고 한다. 양심에 거리끼는 짓이 죄와 허물이라고 생각하는 것이다.

 죄에 대하여 논할 때 대부분 도덕성에 관련하여 논한다. 양심을 두고 말하는 것이다. 선한 양심, 악한 양심, 양심이 없다거나 양심이 마비되었다거나 비양심적이라거나 이런 표현들은 다 도덕성이 악으로 기울어져 있는 상태를 표현하는 말들이다. 그래서 종교들은 이런 도덕적 사실에 기초하여 교리와 신조를 만든다. 권선징악(勸善懲惡), 인과응보(因果應報), 신상필벌(信賞必罰) 이런 사상은 도덕과 도덕적 종교가 공통적으로 주장하는 것이다. 결국 거의 모든 종교들이 도덕적으로 잘못하는 것이 죄라고 말하는 것이다. 이것은 굳이 종교가 아니라도 도덕가들도 동의한다.

이런 사상 때문에 많은 종교가들이 모든 종교의 궁극은 동일하다고 주장한다. 그런데 기독교가 오직 예수를 믿지 않으면 결단코 구원을 받을 수 없다고 주장하기 때문에 독선적 주장이라고 비난한다.

이런 비난이 싫었는지 요즘 기독교는 다원주의를 주장하고 있다. 이것은 다른 종교들이 말하는 바로 그 사상이다. 궁극은 동일하기 때문에 다른 종교에도 구원이 있다는 것을 인정하는 기독교의 태도 변화를 표현하는 단어이다. 이것도 당연히 변질된 기독교의 모습이다. 문제는 성경이 말하는 죄와 구원은 이런 도덕적 행위와 양심의 상태와 일단은 상관 없다는데 있다.

기독교의 신학자들이나 목회자들이나 신학적 지식이 있는 지도자들도 이 문제를 잘 모르는 것 같다.

왜냐하면 2000년 기독교 역사에서 기독교가 서양으로 전파되고 이교 사상이 교회에 들어오면서 기독교의 죄를 도덕적인 것으로 해석하고 그런 문화가 교회의 교리와 신조를 형성했기 때문이다. 성경이 계시한 그대로 죄의 실상을 모르고 신학과 교리의 안경을 쓰고 성경을 읽어서 세상이 보는 것과 같이, 다른 도덕적 종교들이 말하는 것과 같은 주장을 하게 된 것이다. 변질된 기독교의 대표적인 사상이다.

성경이 계시하는 죄는 도덕적으로 잘못하는 것 이전에 창조주 하나님께서 주신 생명을 잃어버린 것을 뜻한다. 이것을 알아야 한다. 그래야 성경의 종교를 알고 성경이 가르치는 구원을 바르게 알게 된다.

창조주 하나님께서 주신 생명을 잃었다는 말이 무슨 뜻인가?

이 문제는 이미 예수님의 출생의 신비를 설명할 때 말했지만 너무나 중요한 기초적인 진리이기 때문에 또 한번 말하려고 한다.

이 사실은 교회에 다니지 않는 사람들도 들어 알고 있을 것이다. 창조주 여호와 하나님께서 태초에 사람을 창조하실 때 한 사람을 창조하시고 그 이름을 아담이라고 하셨다. 하나님은 아담의 코에 생기를 불어넣어 그가 생령, 곧 생명으로 활동하는 존재가 되게 하셨다. 생령이라는 말은 생명체라는 말이다. 하나님은 생명체가 된 아담의 갈빗대를 취하여 여자를 만드셨다. 여자를 만드실 때에는 코에 생기를 불어넣지 않으셨다. 아담에게서 생명, 곧 살게 하는 기운이 여자에게 들어가도록 하신 것이다. 이것을 성경은 여자가 남자에게서 났다고 기록하였다(고전 11:8).

여자는 남자 안에 있었다는 말과 같다. 그리고 하나님께서는 그 두 사람에게 복을 주시며 생육하고 번성하라고 하셨다. 그 후로 이 지구에는 아담과 그의 아내로 말미암아 땅에 충만한 자손들이 출생하게 된 것이다. 그들의 생명과 존재는 다 아담에게 의존되어 있다. 아담이 없었다면 그들도 없다는 말이다. 이 말은 부모가 없으면 자녀가 없다는 말과 같고 더 나아가서 조상이 없으면 후손이 없다는 말과 같다.

창조주께서는 아담 한 사람만 창조하시고 아직 여자도 만드시기 전에 그에게 명령하신다. 이것은 복을 주시며 말씀하신 것이 아니라 명령이라고 하였다.

"여호와 하나님이 그 사람에게 명하여 가라사대 동산 각종 나무의 실과는 네가 임의로 먹되 선악을 알게 하는 나무의 실과는 먹지 말라 네가 먹는 날에는 정녕 죽으리라 하시니라"(창 2:16, 17).

이 명령은 선악을 알게 하는 나무의 실과를 먹으면 죽는다고 분명히 말했다. 선악을 알게 하는 나무의 실과를 먹지 않는 한 사람은 죽지 않는다. 죽을 이유도 죽을 필요도 없다.

이 명령을 유의하여 생각해보라. 이것은 생명과 사망에 대한 명령이다. 에덴동산에는 보기에 아름답고 먹기에 좋은 각종 과일나무가 있었다. 그 중앙에는 생명나무와 선악을 알게 하는 나무도 있었다.

특히 이 두 나무를 두고 하신 명령이다. 이 명령이 생명과 사망에 대한 것임을 쉽게 알 수 있다. 결국 이 명령은 생명관리법이라는 것을 부인할 수 없다. 창조주 여호와 하나님께서 사람에게 주신 최초의 명령은 생명 관리에 대한 것이다. 이것은 만고불변의 원칙이다. 생명이 있는 자는 생명 관리를 잘 해야 한다. 이 명령은 진정 창조주 하나님의 사랑이다. 창조주께서는 자기 형상대로 창조한 인격적 피조물인 사람에게 창조주께서 친히 자기 생명을 불어넣어준 사람이 그 생명을 영원히 관리하여 창조주와 함께 영생하기를 원하신 것이다. 그래서 생명 관리를 명령으로 주신 것이다.

사람이 선악을 알게 하는 나무의 실과를 먹으면 생명을 잃게 된다는 것은 이유가 있다. 창조주 하나님은 그분이 창조한 피조물들이 창조주와 바른 관계를 올바르게 유지하기를 바라시는데 특히 생명을 받은 인격적 존재들과 더욱 그렇기를 바라신다. 그런데 생명을 받은 인격적 존재가, 다시 말해서 하나님의 형상대로 창조함을 받은 사람이 하나님과 사랑의 관계 속에 영원히 함께 하기를 바라시는데, 생명을 주신 창조주 하나님과 바른 관계가 유지되지 않으면 생명의 공급을 받을 수 없게 되는 것이다. 생명은 창조주로부터만 오기 때문이다. 그런데 창조주와 관계를 끊는 것이 선악을 알게 하는 나무의 실과를 먹는 것이다. 그것은 하나님께서 그렇게 명하였기 때문이다. 쉽게 말해서 선악과를 먹으면 하나님의 창조를 거절하는 것이라고 명하였다는 말이다.

"왜 그렇게 하셨는가?" 라고 의문을 제기할 수 있을 것이다. 하나님께서는 사람을 창조하시고 그들에게 하나님의 창조를 감사함으로 받아들이든지, 창조를 거절하든지 선택할 수 있는 기회를 주신 것이다. 흔히 말하는 선택의 자유를 주셨다는 말이다.

그런 기회를 주신 이유는 창조가 피조물의 의지와 전혀 상관없이 창조주의 의지로 된 것이기 때문이다. 창조주는 피조물인 사람이 창조를 받아들이든지 거절하든지 할 수 있게 하였다. 하나님은 사랑이시다. 하나님께서는 그분이 창조한 피조물일지라도 결코 강제로 취급하지 않으시고 오직 사랑의 반응으로만 관계하신다. 선악을 알게하는 나무의 실과는 이것을 나타내신 창조주 하나님의 사랑을 최대한으로 보여준 것이다.

선악과를 먹는 것은 하나님의 창조를 받아들이지 않겠다는 의사를 확실하게 표현하는 것이다. 그러면 하나님께서는 섭섭하지만 그 창조를 취소하신다. 창조를 취소하면 아담은 존재를 상실하고 생명은 생명을 주신 창조주께 귀속된다. 그것을 죽는다고 표현한 것이다. 죽음은 생명을 잃어버리는 것이다.

 이 명령을 남자인 아담에게 명하셨을 때는 아직 여자를 창조하기 전이었다. 왜 그렇게 하셨을까?

 그것은 생육하고 번성할 수 있는 생명을 남자에게 맡기셨다는 뜻이다. 그리고 아담의 갈빗대를 취하여 여자를 만드실 때 여자에게 따로 생기를 불어넣지 않은 것은 아담의 갈빗대를 취하는 것으로 아담으로부터 생명도 취하여 여자에게 넣으셨기 때문이다. 이것은 아담이 없으면 여자가 있을 수 없다는 것을 나타내신 것이다. 그리고 복을 주시며 생육하고 번성하라고 하셨다.

 그런데 아담과 그의 아내가 한 사람의 자녀도 낳기 전에 둘 다 선악과를 먹었다. 그들이 뱀, 곧 사단의 유혹에 넘어간 결과이기는 하지만 먹었다는 사실은 변할 수 없다. 그것은 창조주의 창조를 거절 한 것이 되었다. 창조주께서는 그들에게서 창조를 취소할 수밖에 없었다. 그들은 창조하기 전 상태, 곧 흙으로 돌아가고 하나님이 주신 생명의 기운인 생기는 하나님이 회수하신다. 그것이 죽음인데 흙으로 돌아가는 것이었다(창 3:19).

 그들은 흙으로 돌아갈 수밖에 없는 처지가 되었지만, 그것이 자의가 아니고 마귀의 유혹으로 그렇게 된 것이기 때문에 창조주께서는 그들에게 다시 한 번 기회를 주기 위하여 수명을 주셨다. 수명은 생명이 없어지는 때까지 생활을 하도록 한 것이다. 그로부터 아담은 죽지 않는 생명을 가진 자녀를 낳을 수 없는 시한부 인생을 살게 된 것이다. 살아

가는 것이 죽어가는 것이 되었다는 말이다. 이제 아담에게서 태어나는 모든 후손은 이 시한부 생명을 받아 태어날 수밖에 없다. 아담 자신이 가지고 있지 않은 생명을 그의 후손에게 줄 수 없기 때문이다. 그래서 아담의 후손은 사망의 존재들이 된 것이다 성경은 이것을 죄라고 한다. 그래서 아담의 모든 후손은 다 죄인이 되었다. 갓난아이도 사망의 존재이기 때문에 죄인이다. 도덕적으로 잘못했기 때문에, 양심이 더럽혀졌기 때문이 아니다. 사망의 존재이기 때문에 죄인이다. 이것을 잘 알아야 한다.

이런 상태를 원죄라는 교리적 용어로 표현할 수 있다. 그러나 필자가 여기서 사용하는 원죄라는 말은 어거스틴이 말하는 그런 원죄가 아니다. 어거스틴이 말한 원죄는 사람들이 아담으로부터 도덕적 타락성을 물려받은 것이라고 한 것이다. 이 말이 틀린 것은 아니지만 성경이 말하는 근본적인 죄를 성경적으로 올바르게 설명한 것이 아니다. 이것은 어디까지나 도덕적 관점에서 죄를 논한 것이다. 아담으로부터 도덕적 타락성을 물려받았기 때문에 인간은 결코 도덕적으로 선을 행할 수 없다고 하였다.

이 주장에 이의를 제기한 사람이 펠라기우스이다. 이 사람의 생각은 사람이 도덕적으로 선을 행할 수 있고 또 행하고 있었기 때문이다. 그래서 어거스틴과 펠라기우스의 논쟁은 기독교 역사에 아주 유명한 것이다. 교회는 어거스틴의 손을 들어주어서 펠라기우스를 이단으로 정죄했지만 도덕적 관점에서 죄를 논한다면 펠라기우스의 주장이 100%

틀렸다고 말할 수 없을 것이다. 펠라기우스의 주장에서 나온 것이 예수의 도덕적 모범설이다. 예수는 사람들이 예수께서 사신 것과 같이 살면 구원에 이를 수 있다는 것을 본으로 보여주셨다는 주장이다. 죄를 도덕성에서 찾을 때에 이런 엉터리 주장이 나오게 되는 것이며 동시에 어거스틴의 주장과 같은 어정쩡한 주장을 하게 되는 것이다. 이 사람들은 똑같이 성경이 가르치는 죄의 실상을 몰랐다.

성경이 가르치는 사람이 구원받아야만 하는 죄는 아담 안에서 생명을 잃어버린 상태로 태어난 것이다. 즉 사망의 존재가 된 것이다. 성경은 이것을 아담 안에서 모든 사람이 죽었다고 분명히 계시한다.

"아담 안에서 모든 사람이 죽은 것같이 그리스도 안에서 모든 사람이 삶을 얻으리라"(고전 15:22).

아담의 후손으로서 산 사람은 하나도 없다. 모두 죽은 사람이다. 죽은 사람을 썩게 되어 있다. 세상의 모든 도덕적 악행들은 죽은 사람들의 썩어가는 모습인 것이다. 이런 사실을 성경은 "너희는 유혹의 욕심을 따라 썩어져 가는 구습을 좇는 옛 사람"(엡 4:22)이라고 지적하였고, "피조물도 썩어짐의 종노릇 한"(롬 8:21)다고 계시하였다. 세상의 종교들과 도덕과 교육은 이 썩어져가는 상태를 조금이라고 지연시키기 위하여 노력하는 것일 뿐이지 결코 근본적으로 썩는 것을 방지할 수 없고 죽은 것을 살릴 수 없다.

썩는 것을 중지하게 하려면 죽은 상태에서 생명을 주어 살리면 된다. 이렇게 하는 것을 구원이라고 하는 것이다. 이것은 사람들이 행하는 도덕 훈련으로 되는 것이 아니다. 아무리 고상한 도덕성을 발휘하여 성인이라는 칭송을 받아도 근본적으로 죽은 상태에서 생명으로 옮길 수 없다. 그냥 방부제 치고 방취제 뿌리는 것일 뿐이다. 그러므로 성경에 의하면 아담의 모든 후손들은 공자와 석가모니와 소크라테스라도 생명과 존재에 있어서는 아담 안에서 죽은 자들일 뿐이며 그래서 그들도 당연히 죄인들이다. 그들도 사망에서 생명으로 옮기는 구원을 받아야 하는 것이다. 그것은 생명의 하나님이신 창조주 여호와 하나님께로부터 받는 길 외에 다른 길이 없다. 그 길이 예수 그리스도이시다.

이런 성경의 진리가 아직도 기독교 안에 분명하게 인식되지 못하고 있다. 죄와 구원은 도덕적인 것이라는 인식이 있는 한 깨닫지 못할 것이다. 아직도 개혁이 진행되어야 하고 확실히 모든 인류에게 드러나야 할 것인데, 그때에 대하여서도 성경은 예언했다. 마지막 장에서 이 문제를 살필 것이다. 변질에서 회복되어야 하며, 지금까지 설명한 죄에 대한 성경의 계시를 바르게 깨닫는데서 회복의 첫걸음은 시작될 것이다.

제10장
인쇄술과 성경

1. 책이 없던 시대

 지금은 출판물이 넘치는 시대이고 문명국에서는 대부분의 국민이 자기 글을 읽고 쓸 줄 아는 시대이다. 그래서 이 시대 사람들은 출판이 없었고 글을 쓰고 읽을 줄 아는 사람들이 거의 없었던 시대에 대하여 잘 모른다.
 아무튼 그런 시대가 있었다. 말은 있었으나 글자가 없었던 시대가 있었고, 차차 글자가 만들어지고 쓰기와 읽기가 보급되었겠지만 오늘날처럼 인쇄된 책을 대량 보급할 수 있게 된 세월은 그리 오래된 것이 아니다. 구텐베르크가 인쇄기를 만들어서 책을 인쇄하기를 시작하였지만 책을 대량 인쇄하여 보급하는 일은 그 후로도 오랜 세월이 걸렸다. 이렇게 인쇄하여 책을 만들 수 있게 된 것은 여간 대단한 것이 아니었다.

글을 인쇄할 수 있게 되었다고 해서 당장 대중에게 책을 보급하게 된 것은 아니다. 대다수의 민중은 글을 읽을 줄 몰랐기 때문이다. 책을 출판해도 부자들이나 살 수 있었고, 그렇더라도 글을 읽을 줄 모르는 사람들은 살 이유가 없지 않았겠는가.

인쇄술이 발명되기 전에 책 한 권을 만들려면 엄청난 돈이 필요하였다. 소피 카사뉴 브루케가 쓴 "세상은 한 권의 책이었다"라는 책에는 인쇄술이 발명되기 전에 손으로 성경 한 권을 쓰는데 드는 비용을 적어 놓았다. 성경 한 권을 쓰는데, 양 200마리, 거위 20마리, 그리고 서기관이 글을 쓰는 기간 18개월이 필요했다고 한다. 이것은 당시 웬만한 집 한 채의 값이었다고 한다. 그때 책을 한 권 가진다는 것은 집을 한 채 더 가지는 것과 같았다. 책은 곧 부의 상징이었다. 부자들이 글을 몰라도 부를 자랑하기 위하여 책을 사 모으기도 했을 것이다. 그러니까 글을 읽을 수 있는 서민이 있다고 해도 책을 구하는 것은 전혀 엄두도 못 낼 일이었다.

어떤 글에서는 5, 6세기경에 전 세계 인구 중에 글을 읽고 쓸 줄 아는 사람들은 5%에 불과했다고 하였다. 세계 인구의 95%가 글을 읽을 줄 모르는 문맹이었다. 이런 시대의 사람들은 말하고 듣는 것으로 지식을 얻었을 뿐이었을 것이다. 그들이 글 읽는 것을 듣기 위하여서는 글을 읽어주는 사람이 있는 곳에 찾아가야 했을 것이다.

　기원전 시대나 기원 초기 시대에는 음유시인(吟遊詩人)들이 많았던 것 같다. 말하자면 그들은 이야기꾼들이었다. 그들은 이 마을 저 마을, 마을들을 돌며 이야기를 파는 사람들이었다. 글을 읽을 수 없는 시대의 사람들은 음유시인들의 입을 통하여 지식을 얻을 수 있었고, 소식도 들을 수 있었고, 재미있는 이야기도 즐길 수 있었다. 고전 문학전집에 빠지지 않은 유명한 일리아드, 오디세이도 음유시인 호머(Homer)의 이야기로 구성된 것으로 전해지고 있지 않는가.

　예수님 이야기가 전해질 때에도 역시 글을 읽을 수 없는 사람들이 대부분이었다. 사도 요한은 계시록에서 이 사실을 반영하고 있다. "이 예언의 말씀을 읽는 자와 듣는 자들과 그 가운데 기록한 것을 지키는 자들이 복이 있나니 때가 가까움이라" (계 1:3). 이 구절에서 읽는 자는 단수(單數)이다. 그리고 듣는 자들, 지키는 자들은 다 복수이다. 글을 읽을 줄 아는 사람이 별로 없었다는 것을 보여준다.

　초기에 그리스도인들도 예외는 아니었다. 그래서 글을 읽을 수 있고 쓸 수 있는 사람들은 사회적으로 출세도 할 수 있었다. 교회에서도 그런 사람들이 지도자가 된 것은 당연한 것이었다.

　그들이 글을 모르는 사람들에게 구원의 도리를 가르치려고 하니 이야기로써 만은 이해시키는데 모자라는 것을 느꼈다. 그래서 등장한 것이 시청각 재료인 그림이었다. 성경 이야기를 그림으로 그려서 글을 모르는 사람들에게 성경 내용과 구원의 복음을 전하는 보조 재료로 사용하게 되었다. 말로만 하는 것보다 훨씬 효과가 좋았을 것은 보지 않아도 짐작할 수 있다. 그래서 그려진 것들이 성화들이 되어 오늘날 문화유산이 되었다.

그러는 중에 기독교가 로마제국의 국교가 되면서 기독교인들에게 특권이 주어지게 되었다. 전에는 핍박을 받던 소수가 이제는 특권을 누리는 다수가 된 것이다. 그러니까 기독교에 입교하고 침례를 받는 것이 국가와 사회에 출세하는 지름길이 되었다. 그들은 성경과 구원의 도리를 올바르게 깨닫고 거듭나야 하는 가장 기본적인 신앙의 도리를 외면하고 형식만 기독교인이 되어 출세를 한 것일 뿐이다.

그들은 인간의 이기심과 욕심을 버리지 않았고 예수 그리스도를 위하여 희생할 상태가 전혀 아닌 사람들이었다. 그들은 글을 읽을 줄 아는 특권으로 성경을 자기들의 이기심을 위하여 사용하였다. 그래서 글 모르는 서민 교인들이 자기들의 말을 듣도록 하기 위하여 위협의 도구로 성경을 설명하는 것을 주저하지 않았던 것이다.

이런 정신에서 나온 것이 영원형벌이다. 그것이 곧 영원지옥설이다. 그러러니까 지옥에 들어가서 영원토록 꺼지지 않는 불 속에서 고통을 당하지 않기 위하여 교회 지도자들이 가르치는 대로 해야 했다. 기독교는 사랑과 자비의 종교가 아니고 위협과 공포의 종교가 되었다. 이런 사상이 전통이 되고 기독교 문화가 되고 신학적 체계가 된 것이다. 신학은 그렇게 또 학문적 전통을 만들었다. 그래서 영혼불멸, 영원지옥 등 성경의 진리와 상관없는 교리가 교회에 들어오고 신학이 형성되어 계속 이어지고 있는 것이다. 여기서 벗어나려면 오직 성경으로 돌아가야 한다.

이미 말했듯이 인쇄술이 발명되었다고 당장 책이 많이 출판된 것은 아니다. 손으로 쓸 때보다는 나아졌지만, 요즘 같이 빠르게 인쇄되어 나올 수 없었고 여전히 책값은 비쌌다.

또 여전히 민중들은 글을 쓰고 읽을 줄 몰랐다. 아마 그 시대 사람들은 글을 배우는 것은 부자들과 귀족들과 성직자들이나 하는 것으로 생각했는지 모를 일이다. 글을 배우려고 하지 않았던 것 같다. 아니면 글을 배우는데 비용이 너무 많이 들어서 엄두를 내지 못했을 수도 있을 것이다. 이런 시대였기 때문에 성경 해석은 교회나 나라의 지도자들이 마음대로 할 수 있었다.

2. 인쇄술의 발명

인류가 문자를 발명한 후, 수 천년동안 문자를 손으로 써 왔다. 문자에는 상형문자도 있었고 설형문자도 있었다. 종이가 없었기 때문에 진흙을 이겨서 판을 만들고 거기에 글자를 새기고 불에 구워서 서판을 만들었다. 그것이 요즘 말로하면 책이다. 오늘날 고고학에서 이것을 점토판이라고 한다. 이런 책은 보관하고 사용하는데 불편하기 그지없었다. 여기서 발전한 것이 이집트에서 파피루스에 글을 쓸 수 있도록 한 것이다. 그래서 책의 역사를 말하는 사람들은 이것이 책의 역사의 효시라고 말하는 것 같다. 점토판 전에는 전하고 남기고 싶은 사상을 돌에 글이나 그림으로 새겼다. 고고학자들에 의하여 이런 것이 발굴되면 대단한 일을 한 것으로 간주된다. 그것이 점토판으로 그리고 파피루스 책으로 발전했지만 불편하기는 마찬가지였다. 아마 다음으로 양피지가 발달했는지도 모르겠다.

파피루스는 재질이 약해서 오래 보관하기가 어려웠다. 그러다가 105년경 중국의 채륜에 의하여 종이를 만드는 기술의 혁신이 이루어졌다. 중국에서도 채륜이 종이를 쉽게 만드는 법을 알아내기 전에는 뼈에 글을 새겼는데, 이것이 갑골문이다. 또 대나무를 쪼개 엮어서 글쓰기를 하였다. 이것을 죽간이라 한다. 이런 역사를 거쳐서 마침내 채륜이 "채후지"라는 이름의 종이를 만들어 글을 쓰고 책을 매는 것을 쉽게 하는 길을 튼 것이다.

간쑤 지방에서 발굴된 종이는 지금까지 발견된 것 가운데 가장 오래된 것으로, 기원전 2세기의 중국 전한 초기에 만든 것으로 추정되는데, 작은 무덤의 관 속에서 잡동사니와 함께 발굴되었다. 거기에는 길을 묘사한 듯한 그림이 뚜렷하게 그려져 있어 최초의 지도로도 유명하다.

종이가 발명되기 전에는 글을 써서 보관하고 전달하는 것이 결코 쉬운 일이 아니었다. 종이가 발명되어 글을 쉽게 쓸 수 있는 재료가 확보되었는데 이런 중국의 제지기법은 751년 당나라 제지공에 의하여 이슬람 문화권으로 전해졌고, 12~13세기에 걸쳐 지중해 북안의 기독교

나라로도 전파되었다. 이리해서 종이는 활자 인쇄술 개발 이후의 서적 문화를 담당하는 주인공 역할을 수행하고 있는 것이다.

1750년에 네덜란드식 제지기가 발명되어 질이 좋은 종이의 생산이 가능하게 되었고, 1840년 독일의 F. G. 켈러에 의해서 목재를 분쇄하여 펄프를 만드는 방법이 발명되고, 1867년 미국의 화학자 B.C. 티르만이 화학적으로 안정된 목재펄프 제조법을 완성하였다. 목재펄프의 발명에 따라 종이의 대량 생산의 시대에 들어섰으며, 개량을 거듭하여 다양한 종류의 종이를 생산하게 되어 오늘날에 이르고 있다.

종이가 발명되고 대량생산 체제를 갖추기 전에는 인쇄술이 발명되었어도 책을 대량 출판하는 것은 여전히 쉬운 일은 아니었을 것이다.

인류가 책을 쉽게 소유할 수 있게 된 것은 인쇄술의 발명 덕분이다. 서양 인쇄술은 독일인 구텐베르크의 공로이다. 그는 독일 마인츠 지방에서 출생한 부유한 가정의 막내아들이었다고 한다. 그의 출생 연대는 확실하지 않다. 어떤 곳에는 1398년이라 했고 어떤 곳에는 1397년이라 했다. 아무튼 그 즈음에 출생한 것인데 날짜는 기록에 없어서 모르는 것 같다. 그가 어떻게 활판 인쇄기를 만들었는지는 이 글에 적을 내용이 아니다. 그는 성경을 사람들이 좀 싼 값에 쉽게 구할 수 있도록 해야 복음이 온 세상에 널리 전파되는 것이 쉬울 것이라는 생각에 사로잡히지 않았나 생각된다. 수제 본으로 만든 성경이 엄청 비싼 것을 안타깝게 생각했을 것이다. 그가 인쇄기를 발명한 동기는 첫째가 성경을 쉽게 책으로 만든다는데 있었던 것은 의심할 여지가 없다고 생각한다. 1440

년경 구텐베르크는 마인츠에서 금속활자를 발명하여 인쇄업을 시작하여 책을 만드는 일에 인쇄라는 방법으로 혁명을 일으켰다. 이 활판인쇄술의 발명은 인류의 4대 발명품에 속한다고 한다. 그것은 종이, 나침판, 화약, 활판인쇄라고 한다.

그의 새로운 인쇄 방법은 마인츠에서 전 유럽으로 신속히 퍼져 나가, 1455년에는 유명한 원색의 라틴어판 『구텐베르크 성경』이 출판되었다.

1400년경에는 필사본 성경 한 권의 가격이 약 60굴덴이었는데, 앞에 말하였듯이 보통 집 한 채 값이었다. 책값이 비싼 것만이 아니라 수요에 비해 공급이 턱없이 부족했기 때문에 필요한 사람이 책을 구입할 수 있는 기회는 정말 어려웠다.

인쇄술의 발명은 이러한 문제를 단번에 해결하게 되었다. 인쇄술의 발명은 유럽의 학문적 교류를 폭발적으로 확대시켰고, 구텐베르크의 인쇄 방식으로 출판된 책은 지식 전달의 속도와 양을 혁명적으로 증가시켰다. 1500년경에는 100년 전에 60굴덴이었던 성경책 값이 5굴덴 정도가 되었다.

인쇄술은 학문이 급속히 발전하는데 큰 몫을 하였다. 왜냐하면 쉽게 출판된 책들은 신속하게 많은 사람들에게 전달되어 정보의 공유를 통해 지식의 발전을 가져왔기 때문이다.

이런 상태는 결국 성경이 귀족이나 성직자나 부자들의 독점에서 민중들도 비교적 쉽게 구하여 읽을 수 있는 환경을 만들었다. 그래서 글을 읽을 수 있는 사람은 조금만 노력하면 성경을 구할 수 있는 돈을 마련할 수 있었고, 그렇게 성경을 읽고 스스로 연구할 수 있는 길을 열게 된 것이다.

이런 문화 환경은 성직자들이 성경을 독점적으로 해석하는 것을 어렵게 만들었다. 민중들 중에서도 글을 읽을 수 있는 사람은 성경을 구입하여 읽고 그 뜻을 스스로 생각할 수 있게 하였기 때문이다.

그래서 교회에서 지도자들이 설명하는 내용이 성경과 일치하는 여부를 판단할 수 있는 자리에 이르게 한 것이다.

이렇게 되자 교권교회는 평신도들이 성경을 소지할 수 없도록 규정하였다. 칼 쉔헤어(Karl Schonherr)는 이런 사실을 희곡으로 쓴 사람이다. 이 이야기는 이미 5장에 기록하였기 때문에 재론하지 않는다. 그러나 종교개혁이 이루어지고 성경이 번역되고 인쇄술의 발달로 성경이 대량 출판되는 사태에 임하여 교권교회가 더 이상 성도 개개인이 성경을 연구하는 길을 막을 방도가 없게 된 것이다. 인쇄술의 발달과 종이의 발명은 누구든지 원하면 얼마든지 하나님의 말씀을 연구할 수 있도록 한 것이다. 하나님의 섭리가 아닐 수 없다.

루터는 1517년 10월 31일에 비텐베르그 교회당 문에 95개조 반박문을 써 붙이므로 종교개혁의 불을 붙였고, 개혁이 참으로 성공하려면 교인들이 직접 성경을 읽을 수 있어야 한다고 깨달았다. 그래서 1521년부터 성경을 독일어로 번역하기 시작해서 1522년 9월에 신약성경을 구텐베르크 인쇄기로 출판하였고, 또 구약을 계속 번역하여 1534년에 구약번역을 마치고 마침내 성경전서를 독일어로 출판하게 되었다. 그들의 모국어를 읽을 수 있는 독일 국민들은 누구든지 성경을 읽을 수 있게 되었다. 그러나 인쇄가 오늘날 인쇄 같지는 않았다. 이런 성경을 출판하는 데는 3년이라는 기간이 소요되었고, 한 번에 150부정도만 인쇄되었다고 한다. 성경 필사자들이 한 권을 쓰는데 18개월이 소요된 것에 비하면 엄청 수월한 일이지만 지금 생각하면 참 오래 걸렸다는 것을 알 수 있다.

루터가 독일어로 성경을 번역하여 출판 보급한 것은 영국에 엄청 자극을 주었다.

영국 왕 제임스 1세는 학자 47명을 모아서 성경을 영어로 번역하도록 지시하였다. 사실 영국에서는 루터보다 거의 300년쯤 전에 위클리프가 영어로 성경을 번역하기 시작했었다. 그러나 완성하지 못했는데, 그것을 윌리암 틴데일이 계속했으나 성경을 번역 공급한다는 이유로 교황권에 의하여 체포되어 사형을 당하였다. 그때 틴데일은 마지막 기도로 영국 국왕의 눈을 열어서 성경을 번역할 수 있게 해달라고 기도했다고 한다.

제임스 1세의 지시를 받은 학자들은 틴데일이 번역한 성경을 기초로 하여 성경을 라틴어에서 영어로 번역하였다. 그리하여 1611년에 출판하였다. 제임스 왕의 명에 의하여 번역했기 때문에 그 성경을 약자(略字)로 KJV라 쓴다. 그것은 영어 King James Version의 약자이다. 또 왕의 명령으로 번역하였다고 흠정역(欽定譯)이라고 한다. 흠정이라는 말은 가장 공경할 분이 정한 것이라는 뜻이다. 한자 흠(欽)은 공경할 흠(欽)자인데 중국에서 천자에 관한 일에 사용하는 글자라고 한다. 그래서 제임스 왕의 명에 의하여 번역하여 출판했다는 뜻으로 한자를 쓰는 지역에서 흠정역이라고 부르는 것이다. 이것은 영어권에서 가장 사랑받는 성경이 되었다.

일찍이 하나님께서는 다니엘에게 이런 일이 있을 것을 계시해 주셨고 다니엘을 그것을 다니엘서에 기록하였다.

"다니엘아 마지막 때까지 이 말을 간수하고 이 글을 봉함하라 많은 사람이 빨리 왕래하며 지식이 더하리라"(단 12:4).

이 말씀은 마지막 때가 되면 지식이 증가할 것이라는 예언이다. 지식이 증가하는데 종이의 발명과 인쇄술의 발명은 결정적 역할을 했다고 하지 않을 수 없을 것이다.

3. 민중들의 자각

이렇게 인쇄술과 종이의 보급으로 책이 많이 출판되고 지식의 전파가 급속히 이루어지게 되자 민중들이 자각하기 시작했다.

종교개혁 이후에 신자들이 스스로 성경을 읽어야 올바른 신앙생활을 할 수 있다는 것을 강조하면서 신자 계몽이 일어나서 소위 3R 교육을 실시하였다. 3R 교육은 읽기-Reading, 쓰기-Writing, 셈하기-

Reckoning의 첫 발음을 따서 붙인 이름이다. 여기에 종교-Religion 를 더하여 4R 교육을 실시해야 한다는 것이 루터의 주장이었다고 한다. 이런 교육 운동이 민중적으로 크게 호응을 얻은 때는 아마도 계몽사상이 일어나면서가 아닌가 생각된다. 계몽사상 또는 계몽주의는 17, 18세기에 유럽을 휩쓴 사상사조이다.

"계몽주의(啓蒙主義)는 17, 18세기에 유럽과 신세계를 휩쓴 정치, 사회, 철학, 과학 이론 등에서 광범하게 일어난 사회 진보적, 지적 사상운동으로, 계몽사상이라고도 부른다. 계몽주의는 교회의 미신적인 면과 독단적인 해석에 대해 반란하였다. 대신 실제적인 도덕을 지향하였으며 형이상학보다는 상식, 경험, 과학을, 권위주의보다는 개인의 자유를, 특권보다는 평등한 권리와 교육을 지향하였다. 이 계몽주의는 1760년경 이후 강력히 대두되었다. 계몽주의 사상가들은 인간은 이성으로 적법성을 판단할 수 있으며, 이성은 권위의 요소이자 권위를 판단하는 기준이라고 주장했다. 이 이성은 인간과 세계의 보편적 원리나 자명한 법칙을 발견할 수 있게 했으며 진보를 확신토록 했다. 계몽사상은 인간이 이룩한 문화와 문명에 고취되어 인간의 지성 혹은 이성을 바탕으로 문화와 문명을 진보, 발달시키려는 사상 또는 그러한 행동을 포함하는 적극적인 상태를 가리키는 말이다. 다시 말해 인간의 지성 혹은 이성의 힘으로 자연과 인간관계, 사회와 정치문제를 객관적으로 관찰해서 명료하고 자명한 보편적 진리를 발견하고 낙관적으로 발전시키려는 시대정신이라고 볼 수 있다. 계몽사상은 이와 같은 정신으로 인간의 존엄과 평등, 자유권을 강조함으로써 유럽의 중세 시대를 지배한 전제군주와 종교와 신학의 독단 교시에서 벗어나고자 했다. 교회와 국가를 비판함으로써 지나친 권위를 상당부분 낮추었다. 신학자들이 신성을 수정한 것과 같이 정치가들도 국민과 정부의 관계에 대한 생각을 바꾸었다.

계몽사상의 의의는 국가 · 정부의 역할을 결정적으로 바꾸었다는 것이다. 정부가 더 이상 목적이 아니라 국민의 권리를 보장하고 유지하기 위해 존재하는 민중의 수단이 되어야 한다고 한 것이다. 인간의 권리와 행복을 보장하기 위해 만들어진 국가는 당연히 국민의 동의를 받지 않고는 존재할 수 없다.

국가가 그 책임을 다하지 않고 민의를 배반한다면 민중은 혁명적인 저항권을 발동해 국가를 교체, 폐지할 수 있다. 이런 연유로 계몽사상은 17, 18세기 시민혁명에 지대한 영향을 끼치고 새로운 시대를 열게 하였다."(위키 백과사전)

이런 운동이 프랑스 혁명의 사상적 배경이 되었고 계시록 11장에 예언된 사건인 프랑스 혁명이 일어난 것이다. 그들은 이성을 숭상하므로 하나님과 성경과 교회를 무시하였다.

결과로 극단적인 혼란에 빠졌고 프랑스 혁명정부는 3년 반 만에 다시 성경을 인정하고 교회를 인정하고 일주 10일 제도를 주장 실시하였다가 철회하고 다시 일주 7일 제도로 환원하였다.

이런 격변 속에서 성경의 권위는 실추되고 교회는 독선으로 매도되었으며 개혁자들의 신학은 이성주의 신학으로 변질되기 시작하였다. 이 때에 소위 신신학이 등장했다. 슐라이어마허(Schleiermacher, Friedrich Daniel Ernst 1768. 11. 21.- 1834 2. 12)로 대표되는 현대신학이 일어난 것이다. 그는 계몽주의 비판과 전통적인 개신교 사상을 화해시키려는 인상적인 시도로 유명하며 또한 성서비평학 발전에 영향을 끼쳤다. 이후 기독교 사상에 끼친 그의 깊은 영향력 때문에, 그는 자주 "근대 프로테스탄트(개신교) 신학의 아버지", "자유주의 신학의 시조"라고 불린다. 그는 주관주의적, 체험주의적 신학을 주장하였다. 슐라이어마허의 신학적 중요성을 다음과 같이 요약 할 수 있다. 그는 인간을 "주체"로 생각한 최초의 신학자이다. 여기서 주체는 모든 것을 지탱하는 근원을 뜻한다. "주체"로서의 인간은 모든 삶과 사유의 중심이면서, 모든 것은 바로 그 자신에 의해 이끌어져야 한다. 따라서 주체로서 인간에게 종교란 외부의 어떤 힘에 굴복하거나 순복하는 것이 아니어야 한다. 이 점에서 슐라이어마허의 종교는 교리를 중요시하는 정통주의와 결별한다. 이로써 그는 19세기 자유주의 신학의 아버지가 된다.

슐라이어마허는 당시의 철학적 사상을 수용한다. 따라서 그는 '신'에 대해 말하기보다는 '우주'에 대해 말한다. 또한 그는 '세계정신', '인간성', '역사 발전'과 같은 당시의 정신사의 보편 기반을 확보하고 있던 개념들을 수용한다.

슐라이어마허는 종교를 인간의 종교 체험과 감정으로 생각하였으며, 기독교의 전통 교리와 신앙고백을 절대시하지 않았다. 신학보다 인간의 종교 체험과 감정을 더 우선시한 슐라이어마허의 신학은 근대 자유주의 신학의 주요 특징 중 하나이기도 하다.

이렇게 하여 현대신학이라는 이름으로 비성경적인 신학이 창궐하게 되었고, 성경이 계시한 그대로 성경의 하나님과 예수님의 구원의 봉사를 받아들이지 않고 성령의 역사를 성경이 말하는 그대로 받아 들이지 않는 이성주의적 신학이 20세기 이후를 지배하게 된 것이다.

이런 신학사상의 영향으로 율리우스 벨하우젠(Wellhausen, Julius 1844. 5.17.-1918. 1.7)은 성경이 하나님의 절대적 계시라는 사상을 붕괴시키는 일을 행하였다. 특히 모세오경은 모세가 기록한 것이 아니고 여러 지방에 돌아다니는 설화들을 모아서 편집한 것이라는 소위 사문서설을 주장하여 성경의 권위를 평가절하 시켰다.

르네상스와 종교개혁으로 교권이 약화되고 민중들이 서서히 잠을 깨면서 자각하기 시작하고, 권위에 대한 무조건적 복종의 시대가 걷히면서 중세에 가장 강한 권위로 군림했던 교회의 횡포가 조금씩 잦아들자 성경이 절대적인 하나님의 계시라고 믿었던 신앙의 기본적인 터전이 흔들리기 시작한 것이다. 이런 분위기에서 현대주의 신학이 대두되고 종교를 인간의 감정과 체험에 중점을 두면서 교회와 신학은 다른 학문처럼 성경을 비평적으로 분석하는 일을 해야 한다는 생각이 지배하게 되었다. 이런 사조를 타고 성경을 학문적으로 비평하는 일이 활발하게 전개되었고, 그 중에 성경의 권위를 치명적으로 훼손시킨 비평이 바로 벨하우젠을 정점으로 일어났다. 그것이 바로 육경서설인데 모세오경에서 여호수아서까지 포함하여 육경이라고 하고 그 내용을 비평하면서 그것은 각기 다른 지역에 있었던 설화들을 사건별로 배열하여 편집한 것이며, 아브라함, 이삭, 야곱 같은 조상들은 실제 있었던 사람들이 아니고 기원전 600년경의 사회에 기원전 2000년경의 사람을 등장시켜 쓴 소설 같은 이야기라고 평가한 것이다. 이 학설은 오늘날 세상에 있는 개신교 신학교의 80%가 정설로 가르치고 있다고 한다. 종교개혁은 성경을 누구나 읽고 연구할 수 있게 한 공로가 있지만 또 이렇게 성경을 훼손하기 쉬운 문서로 여기게 한 부작용도 있게 하였다.

이런 혼란의 소용돌이 속에서도 계몽사상은 민중들을 문자를 배우려는 욕망으로 밀어 넣은 것 같다. 그래서 일반 민중들과 함께 교인들도 글을 익히는 일에 몰두하는 현상이 일어난 것 같다. 이렇게 하여 일반 교인들도 성경을 읽을 수 있게 된 것이다. 문자를 상류층이 독점하던 시대가 지나간 것이다.

4. 성서공회(聖書公會) 시대

민중들이, 평신도들이 문자를 읽고 쓸 수 있게 되었으나 성경은 여전히 구하기 힘들었고 값도 여전히 비쌌다. 가난한 서민이 성경을 구입하여 읽기란 쉽지 않았다.

이런 때에 성서공회가 설립되는 사건이 일어나게 되었다.

성서공회를 설립하게 된 경위를 이야기하려면 빼놓을 수 없는 사건이 메리 존스 양의 이야기이다.

여기 아주 간단히 래리 스톤이 쓴 "성경 번역의 역사" 208쪽에 있는 글을 약간 각색을 하여 옮긴다.

"목사님, 제 이름은 메리 존스예요. 혹시 판매할 성경이 있나요?"

메리 존스는 열여섯 살 된 웨일스의 농촌 여자아이였다. 네 살 때 아빠가 돌아가시는 바람에 살아남기 위해 엄마와 함께 열심히 일하지 않으면 안 되었다. 여덟 살 때 그리스도인이 된 메리는 주일학교에서 성경 이야기를 들으면서 스스로 성경 이야기를 읽는 것을 무척 좋아했다. 그러나 교회에서 선생님 성경을 잠깐씩 읽어보는 것 외에 성경을 읽을 수 없었다. 메리는 자기의 성경을 가지기를 무척 소원했다.

메리의 소원을 들은 주일학교 선생님은 발라 마을에 계시는 찰스 목사님이 웨일즈 성경을 판다는 이야기를 들려주었다.

메리는 반가워서 엄마에게 성경 한권을 사 달라고 요구했다.

"메리, 우리에게 성경을 살만 한 돈이 없단다." 엄마가 말씀하셨다.

하지만 메리는 성경을 꼭 사겠다고 단단히 마음을 먹었다. 그래서 이웃에게 얻은 계란을 팔고, 사람들의 옷을 세탁해주고, 아이들을 돌보는 일을 마다하지 않았다. 6년 동안 이 십대 소녀는 조금씩 돈을 모아 마침내 웨일스어 성경을 살 수 있게 되었다. 그런데 성경을 구입하려면 40킬로미터 이상 떨어진 발라 마을에 사는 토머스 찰스 목사에게까지 가야 했다.

"참 먼 거리인 건 알지만 하나님께서 저와 동행하실 거예요."라고 메리는 엄마에게 말하고는 신발을 닳지 않게 하려고 맨발로 그 머나먼 길을 걸어갔다.

메라는 100리 길을 맨발로 종일 걸어서 지친 몸으로 찰스 목사님 집 앞에 도착했다.

마침 외출하려고 나오던 목사님을 현관 문 앞에서 만나게 되었다.

"찰스 목사님이시죠? 저는 저 농촌 마음에 사는 메리 존스인데요, 목사님이 웨일즈 성경을 판다고 해서 그것을 구입하려고 100리 길을 달려왔습니다. 성경 한 권을 저에게 주세요. 저는 성경을 사려고 6년 동안 돈을 모아서 성경 한 권 값이 되어서 오늘 이렇게 왔습니다."

집을 나서던 찰스 목사님은 깜짝 놀란 모습으로 메리를 내려다보면서 말했다.

"미안하구나, 내가 갖고 있던 마지막 성경은 며칠 전에 누군가에게 팔았단다."

그 말을 들은 메리는 하염없이 울었다.

메리의 눈물을 목격하고 찰스 목사님은 메리를 빈손으로 돌려보낼 수가 없었다. 자기의 가지고 있던 성경을 메리에게 주었다. 메리는 큰 기쁨으로 집으로 돌아갔다.

꼭 사고 싶은 것을 위해서 오랫동안 수고를 마다하지 않았던 메리의 손에 마침내 '성경'이 들려진 것이다. 이것은 1800년 때의 이야기다.

이 사건으로 결국 찰스 목사는 〈전도지 선교회〉에서 이 감동적인 이야기를 목사들에게 나누었고 그로 인해서 1804년 대영 성서공회가 설립되어서 성경을 대량으로 출판하는 일이 시작된 것이다.

이렇게 되자 주위의 여러 나라에서 성서공회를 설립하게 되었다. 1806년에는 아일랜드 성서공회, 1806년 베를린 성서공회, 1809년 스코틀랜드 성서공회, 1814년 네덜란드 성서공회, 1814년 덴마크 성서공회, 1816년 미국 성서공회, 1863년 러시아 성서공회, 1941년 조선 성서공회가 설립되었다가, 해방이 된 후 1946년에 대한성서공회가 설립되었다.

이렇게 우후죽순처럼 각 나라에 성서공회가 설립되고 성경 보급이 원활하여지자 성경책 값이 저렴해지게 되었고, 교인들이 글을 읽고 쓸수 있게 되자, 성경을 직접 읽고 연구하는 일이 아주 쉽게 되었다.

옛날 교권시대에 왜곡된 성경 진리가 종교개혁으로 성경적으로 회복되는 일이 진행되었으나 위에 언급한 현대신학 사조와 성경고등비평 등으로 다시 성경 진리가 이지러졌는데, 이런 역사적 사건들을 거쳐서 이제 신실한 신자들에 의하여, 성경이 계시한 방법대로 성경에 의하여 성경을 해석하는 일이 일어나게 된 것이다.

제11장
진리의 회복

1. 진리회복이 예언됨

 이미 앞에서 말한 것 같이 마지막 때에 지식이 더하리라는 예언대로 학문적 지식이 더했을 뿐만 아니라 성경을 깨닫는 지식도 더해갔다. 다니엘서에 예언한 대로 봉해진 다니엘서가 개봉될 예언적 기간이 다가온 것이다.
 다니엘서 12장 4절에서 이 예언의 말씀을 봉함하라고 지시하셨다. 마지막 때가 되면 사람들이 빨리 왕래할 것이며 지식이 더할 것이라고 설명했다. 이 말은 마지막 때에 교통이 빨라지고 지식이 발전하면 그때 다니엘서의 봉함이 열릴 것이라는 뜻이 포함된 것이다.

예수께서도 마지막 때에 다니엘서를 연구하면 깨달을 것이라고 친히 말씀하셨다. "이 천국 복음이 모든 민족에게 증거 되기 위하여 온 세상에 전파되리니 그제야 끝이 오리라 그러므로 너희가 선지자 다니엘의 말한바 멸망의 가증한 것이 거룩한 곳에 선 것을 보거든 (읽는 자는 깨달을진저)"(마 24:14,15). 읽는 자들은 반드시 깨달으라는 뜻이라고 하는데, 이 말은 또한 읽는 자들은 깨닫게 될 것이라는 말씀으로 이해할 수도 있다. 다니엘서를 연구하여 깨닫게 되는 때는 마지막 때라는 것을 가르쳐주신 것이다.

마지막 때가 언제부터인가?

사람들이 막연히 말세라고 말하는 것과는 달리 성경은 마지막 때가 언제부터인지 역사적 시간을 계시해주셨다. 다니엘 12장6, 7절이 그 구절이다.

"그 중에 하나가 세마포 옷을 입은 자 곧 강물 위에 있는 자에게 이르되 이 기사의 끝이 어느 때까지냐 하기로 내가 들은즉 그 세마포 옷을 입고 강물 위에 있는 자가 그 좌우 손을 들어 하늘을 향하여 영생하시는 자를 가리켜 맹세하여 가로되 반드시 한 때 두 때 반 때를 지나서 성도의 권세가 다 깨어지기까지니 그렇게 되면 이 모든 일이 다 끝나리라 하더라"(단 12:6, 7).

이 말씀은 한 때 두 때 반 때 곧 1260년 동안 하나님의 백성들의 핍박 받는 일이 끝날 때가 끝이 되는 때라고 가르쳐주는 말씀이다. 다니엘서

7장25절에 작은 뿔이 세움을 입을 때부터 그 뿔의 권세가 꺾어질 때까지 기간인데, 작은 뿔이 세워진 것은 동로마황제 유스티니아누스 때인, 538년이다. 이 해에 유스티니아누스의 칙령이 시행되게 되었는데, 좀 더 자세히 설명하면 동로마황제 유스티니아누스는 동, 서 교회 사이에 〔콘스탄티노플을 중심으로 한 교회와 로마를 중심으로 한 교회〕있는 교회 수위(首位) 경쟁을 종결지으려고 533년에 로마교회 편을 들어 로마교회의 감독이 모든 교회의 머리가 된다는 조서를 내리므로 정치적으로 로마교회의 수장권을 공포하였고, 그 이듬해인 534년에 편찬한 유스티니아누스 법전에 수록되면서 법적 효력을 가지게 되었다. 그 조서의 내용은 "우리는 동방 전역의 모든 사제들이 성하(聖下)의 권좌에 복종하고 연합하도록 온갖 정성을 다하여 왔습니다… 왜냐하면, 우리는 교회들의 지위에 관한 것이면, 그것이 아무리 명백하고 의문의 여지가 없다할지라도, 논의되어지는 것은 무엇이나 모든 교회의 머리가 되시는 성하에게 알리지 아니하고 지나쳐 버리려 하지 않기 때문입니다. 왜냐하면, 이전에 우리가 말한 대로, 모든 점에서 우리는 당신의 권좌의 영광과 권위를 증가시키기 위해 열성을 다하고 있기 때문입니다."

이 조서는 아리안파들인 헤룰리, 동고트 등에 의하여 거부되었고 교권은 동로마 황제의 힘을 빌려 마침내 세 나라를 멸망시키므로 조서의 내용이 명실 공히 실시될 수 있게 되었다. 그 때가 538년이다. 그러므로 동고트가 망하므로 아리안 국가 권세가 쓰러진 538년부터 1260일 기간이 시작되는 것이다. 예언적 1260일, 곧 역사적 연대로 1260년이 되는 해가 1798년이다. 이때 피우스 6세가 나폴레옹 군의 베르띠에 장군에게 포로가 되므로 작은 뿔로 상징된 교권세력이 끝나게 되고 마지막 때가 시작되었다.

계시록 10장은 이때에 다니엘서가 해석되어지는 사실을 계시적 표상으로 기록했다. 한 천사의 손에 펴 놓인 작은 책이 있었다. 그 천사는 계시를 보는 사도 요한에게 이 책을 갖다 먹으라고 한다. 그것을 먹으면 입에는 달지만 배에서는 쓰게 될 것이라고 말한다. 요한이 그 책을 먹었더니 과연 입에는 꿀처럼 달았는데 배에서는 아주 쓰게 되었다. 그리고 다시 예언해야 한다고 가르쳐주었다.

이것은 다니엘서를 해석한 결과가 어떻게 될 것인지 가르쳐준 계시이다. 정말 그런 경험이 일어났다. 그러나 그런 경험으로 성경의 진리가 회복되는 길이 열렸다. 루터에 의하여 높이 들린 진리 개혁의 횃불이 인본주의적 사상과 학문으로 다시 혼돈해졌을 때 개혁의 횃불이 다시 들리게 된 것이다.

2. 회복된 진리

성경을 자기 나라 말로 읽을 수 있게 된 신자들 중에 말씀을 올바르게 알려고 혼신의 힘을 기울이는 사람들이 있었다. 그들은 성경이 하나님의 계시와 영감으로 기록된 정확무오한 말씀이라는 것을 믿고 성경이 가르치는 방법으로 성경을 연구하였다. 그들은 다니엘서를 연구할 때에 8장 14절의 2300주야 끝에 성소가 정결하게 되리라는 말씀을 연구하면서 성소문제를 연구하다가 이 사람들은 다니엘이 기록한 성소를 지구로 생각하고 성소정결을 예수님의 재림으로 이 세상이 정결하게 되는 것이라고 해석하였다. 그래서 2300주야가 끝나는 때인 1844년에 예수께서 재림하신다고 전파하였다. 입에 꿀 같이 단 경험이었다. 그러나 예수께서 그들이 기대한 때에 재림하지 않았다. 배에서는 쓰게 되는 경험이었다. 이런 경험으로 성경을 더 깊이 연구하는 중에, 하늘에 성소가 있고 예수께서 대제사장으로서 하늘성소에서 봉사하신다는 사실을 깨닫게 되었다. 예수께서 하늘성소에서 봉사하시는 결과로 진리가 회복되는 것도 알았다. 성소정결이 예수께서 하늘성소에서 정결 봉사를 하시는 사실을 알게 되었는데 곧 하늘에 성소봉사가 있다는 것을 깨닫게 된 것이었다. 이것은 히브리서에 분명히 기록된 사실이다. 또 계시록은 하늘성전에 언약궤가 있다는 것을 기록하였다. 언약궤에는 십계명 돌비가 들어있다. 거기에는 하나님께서 친히 쓰신 십계명이 새겨져 있다. 틀림없이 그 돌비에는 제4 계명이 기록된 그대로 있을 것이다. 성경을 연구한 결과 사람들이 하나님을 믿고 하나님께 경배하는 날이 일요일이 아닌 제7일 안식일이 토요일이라는 것을 깨닫게 되었다. 그런데도 이것을 깨닫기까지 교회가 이 사실을 알지 못했다는 것은 이상한 일이 아닐 수 없다. 이유는 다니엘서에 기록된 대로 이 사실이 봉해져 있었기 때문이다.

성경에는 이런 사실을 기록하고 있다.

"그러나 깨닫는 마음과 보는 눈과 듣는 귀는 오늘날까지 여호와께서 너희에게 주지 아니하셨느니라"(신 29:4).

진리의 말씀을 깨닫는 때가 있다. 왜 하나님께서 그렇게 이끄시는지 우리가 정확하게 모르지만 역사적 발전과 함께 깨달아야 하는 진리가 있기 때문일 것이다. 예언은 역사적 사건과 관련이 있기 때문에 그런 역사적 사건보다 너무 이른 시기에는 깨달을 수가 없는 것이 당연한 것이 아니겠는가.

이런 사실에 의하여 다니엘에게 주신 계시는 마지막 때가 되기 전에는 그 실상을 바르게 알 수 없을 것을 아시는 하나님께서 마지막 때까지 봉함하라고 하셨고, 그 마지막 때가 되었을 때 봉함이 개봉될 것을 예언하셨으며, 그러나 사건을 잘못 이해할 것도 아시고 입에는 달지만 배에서는 쓰게 될 것이라고 하신 것이다. 이렇게 쓰게 되는 경험으로 비로소 성경을 바르게 깨닫고 다시 예언하도록 이끄신 것이다.

지금은 이렇게 깨달아야 할 진리를 다 깨달아 알 수 있는 시대이다. 2300주야 끝에 성소가 정결하여질 것이라고 예언했는데(단 8:10~14), 그 정결하여질 내용이 성소가 회복되고 매일 드리는 제사가 회복되고 진리가 회복되는 것이라고 하셨다.

다니엘서가 이해되면서 예수께서 부활 승천하셔서 하늘에서 제사장으로 봉사하신다는 사실을 분명히 깨달았다(히 8:4). 또한 대제사장으로 봉사하기 위하여 하늘에 성소가 있다는 것도 깨달으므로 다니엘서

8장9절에서 성소를 파괴한 작은 뿔의 행패를 드러내고 성소를 회복했고, 그렇게 하므로 매일 드리는 제사가 세상의 성직자들에게 맡겨진 것이 아니고 예수께서 하늘에서 친히 하신다는 사실을 깨닫게 되었다. 하늘에 성소가 있다고 계시해 주시므로 그곳에 언약궤가 있다는 것을 알게 되었으며, 결과적으로 십계명은 결코 사람이 고치거나 폐할 수 없다는 것을 깨달았다. 이것이 진리가 회복되는 계기가 되었고, 연달아 성경이 계시하지 않는 교리와 신조가 교회 안에 들어와서 교회를 변질시킨 사실을 깨닫게 된 것이다.

그 회복된 진리를 간단히 정리하면, 첫째, 하늘성소와 봉사이다.

예수께서 하늘에서 대제사장으로 봉사하는 사실을 이 세상에 모세를 통하여 또 솔로몬의 성전을 통하여 표상적으로 가르쳐 주셨는데, 기독교는 이 사실을 예수께서 대제사장 직무를 행하시는 중보사역인 것으로만 이해하였다. 그러나 히브리서를 보면 예수께서 하늘에서 성소봉사를 하신다는 사실을 너무나 분명히 가르쳐주고 있는 것을 볼 수 있다. 그 봉사는 성소적 봉사와 지성소적 봉사가 있는데, 이것은 예수를 믿고 예수께 나아오는 사람들에게 예수께서 자기의 흘리신 피를 그들에게 뿌리셔서 의롭다고 선언하게 하는 봉사이다. 자세한 설명을 하려면 따로 지면을 할애해야 한다. 여기서는 이 사실만 기록하기로 한다.

둘째, 속죄봉사이다,

이것은 첫째 성소 봉사 회복에 포함되는 것이지만, 성소 회복을 말하는 것으로 충분히 이해하지 못 할 수도 있기 때문에 매일 드리는 제사가 회복되는 것으로 말씀하신 것이다. 우리말 번역에 매일 드리는 제사(단 8:10, 11)라고 했으나 원문에는 "제사"라는 단어는 없다. 그냥 매일의 봉사이다. 히브리어로는 "타미드"인데 이것은 성소에서 행하는 매일의 봉사를 가리킨다. 그것은 제사 봉사, 떡상 봉사, 등대봉사, 분향단 봉사이다. 이 중에 제사 봉사가 가장 크고 중요한 봉사이다. 속죄 봉사에 해당되기 때문이다. 속죄는 예수께서 하시는 것이다. 바리새인들은 "예수께서 저희의 믿음을 보시고 중풍병자에게 이르시되 소자야 네 죄 사함을 받았느니라 하시니 어떤 서기관들이 거기 앉아서 마음에 의논하기를 이 사람이 어찌 이렇게 말하는가 참람하도다 오직 하나님 한 분 외에는 누가 능히 죄를 사하겠느냐 저희가 속으로 이렇게 의논하는 줄을 예수께서 곧 중심에 아시고 이르시되 어찌하여 이것을 마음에 의논하느냐 중풍병자에게 네 죄 사함을 받았느니라 하는 말과 일어나 네 상을 가지고 걸어가라 하는 말이 어느 것이 쉽겠느냐 그러나 인자가 땅에서 죄를 사하는 권세가 있는 줄을 너희로 알게 하려 하노라 하시고 중풍병자에게 말씀하시되 내가 네게 이르노니 일어나 네 상을 가지고 집으로 가라 하시니 그가 일어나 곧 상을 가지고 모든 사람 앞에서 나가거늘 저희가 다 놀라 영광을 하나님께 돌리며 가로되 우리가 이런 일을 도무지 보지 못하였다 하더라"(막 2:5~12).

예수께는 죄 사하는 권세가 있다. 이 선언은 예수님이 하나님이시라는 것을 선언하는 것이다. 사람이 감히 죄를 사한다고 하면 참람한 것이다. 그런데 어떤 성직자가 죄를 사한다고 주장하면 참람한 일을 하는 것이다. 이것을 성경대로 회복해야 하는 것이다. 그것이 하늘성소봉사에 대한 것을 깨달을 때에 따라서 회복된 진리이다.

셋째, 안식일이다.

오늘날 기독교는 일요일을 주일이라고 지키고 있다. 주일을 성수(聖守)라고 한다. 그러나 성경은 제7일 안식일을 거룩하게 지키라고 분명히 가르친다. 이것은 하늘성전에 언약궤가 있는 계시를 보여 주시므로(계 11:19) 언약의 돌비에 기록된 언약의 열 마디 말씀은 하늘에 그대로 보존되어 있다는 것을 가르쳐준 것이다. 우리는 십계명이라고 말하지만 성경원어에는 그런 말이 없다. 그것은 "에셰르 다 바르"인데 직역하면 "열 말씀"이라는 뜻이다. 그래서 "열 마디 말씀"이라고 말한다. 그것은 언약의 말씀이다(신 4:13). 그것이 언약의 말씀이기 때문에 그것을 새긴 돌비를 넣은 궤를 언약궤라고 부른다.

우리는 법궤라고 잘 말하지만 성경에는 법궤라고 표현한 곳이 없다. 개역성경에 한 번 법궤라는 번역이 나오지만(레 16:2), 원어는 그냥 궤(아론)이다. 우리가 십계명이라고 부르는 것을 새긴 돌비를 성경에서는 증거판이라고 하였다(출 25:16).

그래서 언약궤를 증거궤라고도 한다. 성경에 증거궤라는 말은 21회가 있다. 언약궤라는 말은 45회가 기록되었다. 신약성경에는 계시록 11장 19절에 한 번 있다. 십계명은 하나님과 사람 사이의 언약을 맺은 언약의 말씀이다. 즉 계약서라는 뜻이다.

계약은 쌍방의 합의 없이 변경할 수 없다. 하늘에 계시는 하나님께서 이 세상에 있는 교회의 어떤 대표자와 이 언약의 내용을 변경하자고 의논하셨는가? 결코 그런 일이 없다. 그것이 변경되지 않았다는 사실을 사도 요한에게 계시로 확인해주신 것이 하늘의 성전을 열고 언약궤를 보여주신 것이다. 그 안에는 변경된 일이 없는 열 마디 언약의 말씀이 고스란히 들어있다. 즉 십계명은 글자 한 자도 변경되지 않고 그대로 하늘 언약궤 안에 보존되어 있다는 말이다. 하늘성소봉사를 깨닫게 되자 십계명을 올바르게 볼 수 있게 되었고, 넷째 계명인 안식일을 거룩하게 지키라는 계명도 변경될 수 없다는 것을 깨달았다. 그래서 제7일 안식일을 거룩하게 지켜야 한다는 확실한 진리를 회복한 것이다.

넷째, 생명 문제다.

성경은 인간의 상태를 두 가지로 분명하게 가르친다. 산자와 죽은 자이다. 성경은 세상에 있는 사람들의 도덕적 선악을 묻지 않는다. 왜냐하면 세상에 있는 사람들은 이미 다 죄인이기 때문이다. 도덕적으로 선해도 죄인이고 악해도 죄인이다. 그렇기 때문에 도덕적 선악을 묻지 않는다.

성경의 종교 외에 이 세상의 모든 종교는, 그것이 미신이라고 하더라도 일단은 사람의 도덕적 선악을 묻고 있다. 그것을 기반으로 종교가 형성되고 미래가 결정되며 교리와 신조가 만들어진다. 그러나 성경은 그것을 따지지 않는다.

성경은 세상에 있는 사람들을 살았는지, 죽었는지를 묻는다. 당연히 성경은 세상의 모든 사람들이 다 죽었다고 단정한다.

이유는 이 세상의 모든 사람은 아담 한 사람의 생명의 씨로 말미암아 출생하였기 때문이다. 이 사실은 이미 두 번이나 설명했기 때문에 여기서 다시 말하지 않는다.

그러나 성경은 사람이 호흡이 끊어지면 모든 의식 작용이 없어지기 때문에 아무것도 모른다고 분명히 가르쳐준다. "무릇 산 자는 죽을 줄을 알되 죽은 자는 아무것도 모르며"(전 9:5). 얼마나 분명한가.

그런데 성경을 경전으로 믿는 기독교가 영혼불멸을 가르치고 믿는다. 엄청난 모순이요 오류이다. 생명은 오직 예수 그리스도 안에 있으며, 이 생명은 예수를 믿고 예수님의 부활을 받아들일 때 얻는 것이다. 지금 비록 아담 안에서 죽은 자들로 있지만 예수를 구주로 진정으로 믿으면 그는 예수 안에서 생명을 얻는다. 이것을 확실히 깨닫고 부활의 소망을 확실히 알게 되었다.

3. 성경 종교의 두 기초

성소정결은 심판과 관련되어 있다. 성소정결을 깨달으면 심판에 대한 바른 이해를 하게 된다.

일반적으로 하나님의 심판을 도덕적으로 선하고 악하게 산 결과에 대하여 상벌을 집행하는 것으로 인식하고 있다. 이것이 틀린 것이라고 할 수는 없을지라도 성경적으로 완전히 올바른 것은 아니다.

하나님은 산 자와 죽은 자를 심판하신다고 기록하였다(딤후 4:1, 벧전 4:5, 행 10:42).

이 말씀은 일반적으로 산 자는 예수님 재림하실 때 아직도 호흡하고 의식이 있는 사람들을 뜻하고, 죽은 자는 호흡이 끊어져서 무덤에 있는 자들이라고 이해한다. 그들의 행위를 살핀 결과를 따라서 상을 받고 벌을 받는다는 것이다. 이런 이해가 틀렸다고 할 수 없을 것이다. 그러나 성경이 산 자와 죽은 자라고 말하는 것은 호흡과 의식에 관한 것이 아니다. 산 자는 예수님이 생명이 된 사람들이고 죽은 자는 예수님이 그의 생명이 되지 않은 사람들이다. 즉 심판은 산 사람인지 죽은 사람인지를 판단하는 것이다. 산 자와 죽은 자를 심판하시는 것은 그들의 세상에서의 삶을 사실(査實)해서 잘한 사람은 상을 주고 잘못한 사람을 벌을 주는 것이기보다는 산 사람은 산 자의 땅으로 보내고 죽은 사람은 죽은 자의 땅으로 보내는 것을 산 자와 죽은 자를 심판하신다고 한 것이다.

심판은 구별이다. 예수를 믿고 그분의 구속의 복음을 받아들인 사람들은 산 자이고, 받아들이지 않은 사람들은 죽은 자이다. 사도 요한은 이것을 잘 가르쳐준다. "또 증거는 이것이니 하나님이 우리에게 영생을 주신 것과 이 생명이 그의 아들 안에 있는 그것이니라 아들이 있는 자에게는 생명이 있고 하나님의 아들이 없는 자에게는 생명이 없느니라 내가 하나님의 아들의 이름을 믿는 너희에게 이것을 쓴 것은 너희로 하여금 너희에게 영생이 있음을 알게 하려 함이라"(요일 5:11~13).

그래서 예수를 믿는 사람들은 정죄 받지 않는다고 예수께서 친히 말씀하셨다. "저를 믿는 자는 심판을 받지 아니하는 것이요 믿지 아니하는 자는 하나님의 독생자의 이름을 믿지 아니하므로 벌써 심판을 받은 것이니라 그 정죄는 이것이니 곧 빛이 세상에 왔으되 사람들이 자기 행위가 악하므로 빛보다 어두움을 더 사랑한 것이니라"(요 3:18, 19).

소위 상벌의 심판은 예수님을 구주로 믿든지 믿지 않든지 할 때 결정된 것이다. "내가 진실로 진실로 너희에게 이르노니 내 말을 듣고 또 나 보내신 이를 믿는 자는 영생을 얻었고 심판에 이르지 아니하나니 사망에서 생명으로 옮겼느니라 진실로 진실로 너희에게 이르노니 죽은 자들이 하나님의 아들의 음성을 들을 때가 오나니 곧 이 때라 듣는 자는 살아나리라 아버지께서 자기 속에 생명이 있음같이 아들에게도 생명을 주어 그 속에 있게 하셨고 또 인자됨을 인하여 심판하는 권세를 주셨느니라 이를 기이히 여기지 말라 무덤 속에 있는 자가 다 그의 음성을 들을 때가 오나니 선한 일을 행한 자는 생명의 부활로 악한 일을 행한 자는 심판의 부활로 나오리라"(요 5:24~29).

예수님을 믿을 때 그 사람은 사망에서 생명으로 옮겨져서 산 자가 된다. 그러나 예수님을 믿지 않으면 그냥 사망에 있는 것이다. 즉 죽은 자이다. 마지막 부활 때에 생명의 부활을 하는 사람들은 산 자로서 산 자의 하나님과 함께 영생할 것이다(막 12:27).

그러나 예수를 믿지 않는 사람은 심판을 받는다. 계시록이 이것을 가르쳐준다.

"또 내가 보니 죽은 자들이 무론 대소하고 그 보좌 앞에 섰는데 책들이 펴 있고 또 다른 책이 펴졌으니 곧 생명책이라 죽은 자들이 자기 행위를 따라 책들에 기록된대로 심판을 받으니 바다가 그 가운데서 죽은 자들을 내어 주고 또 사망과 음부도 그 가운데서 죽은 자들을 내어 주매 각 사람이 자기의 행위대로 심판을 받고 사망과 음부도 불못에 던지우니 이것은 둘째 사망 곧 불못이라 누구든지 생명책에 기록되지 못한 자는 불못에 던지우더라"(계 20:12~15).

각각 자기 행위대로 심판을 받는 사람들은 죽은 자들이다. 예수를 믿지 않은 사람들이라는 말이다.

예수를 믿는 사람들은 산 자들이기 때문에 행위를 따라 심판을 받는데 참여하지 않는다는 사실을 보여주는 말씀이 아닌가. 그들은 산 자의 하나님과(막 12:27) 그들을 사망에서 생명으로 옮겨주기 위하여 전에 죽었으나 이제 산 자이신 예수 그리스도와(계 1:18) 함께 산 자의 땅에서(시 27:13) 영원히 사는 것이다. 이것이 그들의 상급이다. 그러나 예수 그리스도를 영접하지 않은 사람들은 생명이 없기 때문에 죽은 자의 땅으로 가야한다. 거기는 생명이 영원히 없는 곳이다. 즉 완전한 상실이다. 없어지는 것이다.

"잠시 후에 악인이 없어지리니 네가 그 곳을 자세히 살필지라도 없으리로다"(시 37:10).

이것이 성경이 계시한 영원한 심판의 실상이다. 성소정결에 대한 계시를 바르게 이해하면 심판의 성질을 잘 알 수 있다. 그것은 생명과 사망을 완전히 드러내는 것이다. 그래서 산 자와 죽은 자를 심판한다고 한 것이다.

성경의 종교와 신앙은 창조와 생명의 주를 믿는 것이다. 삼위일체 하나님은 생명의 하나님이시다.

성부 하나님이 생명이시고, 성자 하나님도 생명이시고 성령 하나님도 생명이시다. 생명의 하나님을 떠나면 생명이 없다. 생명이 없어진 것을 사망이라고 한다.

태초에 여호와 하나님께서 사람을 창조하실 때 산 자로 창조하셨다. 그래서 산 영이 되었다고 성경을 계시한다(고전 15:45, 창 2:7).

처음 창조된 사람은 육에 속한 자가 아니고 영에 속한 자였다. 그러나 창조주 하나님께서 먹으면 반드시 죽는다고 한 선악을 알게 하는 나무의 실과를 먹고 생명을 잃어버렸다. 산 영이 사망이 된 것이다. 이랬을 때 창조주께서는 사람이 잃어버린 영원한 생명을 도로 찾아주기 위하여 친히 사람이 되어서 세상에 오셔서 사람이 죽을 것을 대신 죽어주시고 부활하심으로, 사망을 폐하시고 생명과 썩지 않을 것을 드러내셨다(딤후 1:10). 이것이 복음이다.

누구든지 이 일을 이루신 예수님을 구주로 믿으면 그는 사망에서 생명으로 옮기게 된다. 그래서 그들은 심판에 이르지 않는다.

세상의 어떤 사람도 죽음을 생명으로 해결한 사람이 없다. 오직 예수님만이 사망을 폐하셨다.

"이제는 우리 구주 그리스도 예수의 나타나심으로 말미암아 나타났으니 저는 사망을 폐하시고 복음으로써 생명과 썩지 아니할 것을 드러내신지라"(딤후 1:10).

"사망을 폐하시고" 세상에 어떤 종교가 이런 선언을 할 것인가! 예수 그리스도의 복음은 사망을 폐하고 생명과 썩지 않은 것을 드러낸 진실이 기초이다. 곧 부활 진리이다. 예수께서 부활하지 않았으면 예수를 믿는 것은 소용이 없다. 부활은 사망을 폐하고 생명의 능력과 실상을 온 우주에 드러낸 사건이다. 누구든지 예수를 믿으면 이 부활의 생명을 얻는다. 그래서 예수께서 재림하실 때 그들은 영생이 현실이 복을 누린다. 이것이 상급이다.

사망이 된 사람들을 이와 같이 사망에서 생명으로 옮기기 위하여 창조주 자신이 대신 사망을 당하여 사망을 폐하였다. 그렇게 하여 사망의 세력을 잡고 있는 자 마귀를 없이하셨다. "자녀들은 혈육에 함께 속하였으매 그도 또한 한 모양으로 혈육에 함께 속하심은 사망으로 말미암아 사망의 세력을 잡은 자 곧 마귀를 없이 하시며 또 죽기를 무서워하므로 일생에 매여 종노릇 하는 모든 자들을 놓아 주려 하심이니"(히 2:14, 15).

사망을 폐하셨을 뿐만 아니라 사망의 세력을 잡고 있는 사단마귀를 없이 하셨다. 그는 때가 되면 완전히 없어진다. 사망을 폐했기 때문에 사망의 세력을 잡은 자를 없이한 것이다. 그래서 사망 자체가 없어진 것이다. 예수님의 부활의 생명을 얻지 못한 사람들은 다 사망의 세력을 잡은 자와 함께 없어질 것이다.

창조주께서 친히 사람이 되어 희생하신 이유는 여러 가지가 있지만 기본적인 것은 사람이 창조주의 형상대로 창조한 그의 사랑의 대상이라는 것이다. 그래서 "하나님이 세상을 이처럼 사랑하사 독생자를 주셨으니 이는 저를 믿는 자마다 멸망치 않고 영생을 얻게 하려 하심이니라"(요 3:16)고 선언하셨다.

성경종교의 두 기초, 곧 여호와 하나님을 믿는 신앙의 두 기초는 여호와 하나님은 창조주시요 부활의 주시라는 것이다. 이 두 기초를 인정하지 않으면 그는 교회에 다닐지라도 전혀 예수를 믿는 사람이 아니다.

성경은 예수를 믿는 사람들을 아브라함의 자손이라고 가르친다. 아브라함을 믿음의 조상이라고 말한다. "그러므로 후사가 되는 이것이 은혜에 속하기 위하여 믿음으로 되나니 이는 그 약속을 그 모든 후손에게 굳게 하려 하심이라 율법에 속한 자에게 뿐 아니라 아브라함의 믿음에 속한 자에게도니 아브라함은 하나님 앞에서 우리 모든 사람의 조상이라"(롬 4:16).

"그런즉 믿음으로 말미암은 자들은 아브라함의 아들인 줄 알지어다"(갈 3:7).

그래서 예수께서는 아브라함의 자손이면 아브라함의 일을 할 것이라고 말씀하셨다. "대답하여 가로되 우리 아버지는 아브라함이라 하니 예수께서 가라사대 너희가 아브라함의 자손이면 아브라함의 행사를 할 것이어늘"(요 8:39).

아브라함이 믿음의 조상인데 그가 어떻게 믿었는지 성경은 분명히 기록하였다.

"기록된바 내가 너를 많은 민족의 조상으로 세웠다 하심과 같으니 그의 믿은 바 하나님은 죽은 자를 살리시며 없는 것을 있는 것같이 부르시는 이시니라"(롬 4:17).

아브라함은 죽은 자를 살리시며 없는 것을 있는 것 같이 부르시는 하나님을 믿었다. 즉 부활과 창조의 하나님을 믿었다는 말이다.

이것은 성경의 하나님 여호와는 창조와 생명의 하나님이라는 것을 믿었다는 뜻이다. 이것은 성경이 계시한 성경종교와 신앙의 두 기초이다. 성경의 하나님 여호와가 창조주시라는 것을 믿도록 하나님께서 제정하신 제도가 바로 제7일을 안식일로 기억하여 거룩하게 지키는 것이다. 그렇게 하는 것이 성경의 하나님 여호와를 아는 증거라고 계시하셨다. "또 나의 안식일을 거룩하게 할지어다 이것이 나와 너희 사이에 표징이 되어 너희로 내가 여호와 너희 하나님인 줄 알게 하리라 하였었노라."(겔 20:20) 여호와 안식일인 제7일 안식일을 거룩하게 하지 않으면 여호와를 모르는 것이라고 선언하신 말씀이다.

이미 앞에서 말했지만 이 사실은 제7일 안식일 대신에 제1일 주일을 지키도록 하는 것으로 파괴하였다. 오늘날 기독교는 일요일을 주일로 지키는 것을 당연한 것으로 알고 있다. 변질된 기독교의 첫째 요인이다. 그것은 예수께서 그날 부활하셨기 때문이라고 구차한 변명을 만들었지만 예수님은 유대인의 종교력 니산월 16일에 부활하신 것이다. 예수께서 부활하신 그날 니산월 16일이 일요일이었을 뿐이다. 예수님의 부활을 기념하려면 일요일이 아니라 니산월 16일을 기념해야 한다. 그것도 1년에 한번 만이면 된다. 일주일마다 기념한다고 하는 것은 십계명의 제4계명을 지키는 사상으로 그렇게 하는 것이다. 그렇다면 십계명의 제4계명을 기록된 대로 지키는 것이 마땅하다. 그것은 분명히 제7일은 너희 하나님 여호와의 안식일이라고 기록하였고 그날을 거룩하게 지키라고 명하셨다.

또 성경의 하나님이 부활의 하나님이라는 것을 믿는 것은 곧 그분이 생명의 하나님이라는 것을 믿는 것인데, 이것은 여호와 하나님을 떠나서는 생명이 없다는 것을 확신하는 것이다.

그런데 이런 성경의 가장 확실한 기초를 파괴한 것은 태초에 여자에게 나타난 뱀이다. 그는 여자에게 선악을 알게 하는 나무의 실과를 먹어도 결코 죽지 않는다고 강조하였다. 그것은 정녕 죽는다고한 여호와 하나님의 말은 거짓이라는 것을 주장한 것이다. 그런데 오늘날 뱀으로 상징된 사단의 이 말을 기독교가 믿고 있다. 그것이 영혼불멸설이다. 이것은 사람은 죽지 않는다는 말의 다른 표현이다.

이 이야기는 이 책을 시작하는 1장에서 설명한 것이다. 영혼불멸을 믿는 것은, 창조주 여호와 하나님만이 생명을 주시는 분이시며 그분에게서 끊어지면 생명 자체를 잃어버려서 존재를 완전히 상실하게 된다는 하나님의 명령, 먹는 날에는 정녕 죽으리라고 하신 말씀을 거짓으로 여기는 것이다. 결국 사단이 진리를 말했고 여호와 하나님은 거짓을 말했다고 믿는 것이다.

사람의 영혼이 죽지 않는다고 믿는 것은 부활을 믿지 않는 것이다. 영혼불멸을 믿는 사람들이 믿는 부활은 성경이 가르치는 부활과 전혀 다르다. 그것은 불멸의 영혼을 육신에 다시 돌아오게 하는 것을 뜻한다. 그러나 성경이 가르치는 부활은 생명 자체를 다시 살리는 것을 뜻한다. 없어진 생명을 생명이신 하나님께서 다시 창조하여 주는 것이다. 그래서 성경은 "그런즉 누구든지 그리스도 안에 있으면 새로운 피조물이라 이전 것은 지나갔으니 보라 새 것이 되었도다"(고후 5:17)라고 하여 새로운 피조물이라고 가르친다. 예수를 믿는 사람들은 그들의 생명이 예수와 함께 하나님 안에 감추어져 있다고 한다. 그것은 인격적 존재로 하늘에서 행복을 누리고 있는 영혼이 아니다. 생명이신 예수께서 그를 믿는 모든 사람에 새로운 생명, 부활의 생명, 곧 영생의 생명을 주어서 살아나게 한다는 것이다. 이렇게 살아나게 하기 전에 그들에게는 인격적 활동이 전혀 없다. 중요한 것은 그들에게는 인격적 의식적 활동이 없다는 사실이다. 그러나 예수께서 그들을 부활시키실 때 비로소 인격적 의식적 활동을 하게 된다.

"그러므로 너희가 그리스도와 함께 다시 살리심을 받았으면 위엣 것을 찾으라 거기는 그리스도께서 하나님 우편에 앉아 계시느니라 위엣 것을 생각하고 땅엣 것을 생각지 말라 이는 너희가 죽었고 너희 생명이 그리스도와 함께 하나님 안에 감취었음이라 우리 생명이신 그리스도께서 나타나실 그 때에 너희도 그와 함께 영광중에 나타나리라"(골 3:1~4).

예수를 믿는 사람들이 예수님의 부활에 참여하여 그리스도와 함께 다시 살리심을 받았지만, 이는 너희가 죽었고 그 살리심을 받은 생명은 그리스도와 함께 하나님 안에 감추어져 있다. 그 생명은 예수께서 재림하실 때 예수를 믿은 사람들을 부활시키실 때 그들에게 주어서 예수님과 함께 부활한 사람으로 영광중에 나타나게 되는 것이라고 가르친다. 이것은 영혼불멸설이 아니다. 부활하지 않으면 그는 존재하지 않는 것이다. 이것이 성경이 가르치는 부활이다. 그러나 영혼불멸설은 부활하지 않아도 그들이 존재한다는 주장이다. 이것은 뱀의 주장이요 순전한 거짓이다. 예수께서는 마귀는 처음부터 거짓말한 자요 거짓의 아비라고 가르쳐주셨다(요 8:44).

부활을 믿는 것은 침례로 증거 하게 하셨다. 침례는 예수 그리스도와 함께 죽고 장사되고 함께 다시 산 것을 믿는 것을(롬 6:3~5) 서약하는 예식이다. 제7일 안식일을 거룩하게 지키라고 친히 명령하신 하나님께서 침례로 친히 명령하여 행하게 하셨다.

"예수께서 나아와 일러 가라사대 하늘과 땅의 모든 권세를 내게 주셨으니 그러므로 너희는 가서 모든 족속으로 제자를 삼아 아버지와 아들과 성령의 이름으로 침례를 주고"(마 28:18, 19), 침례요한도 이 사실을 말하였다.

"요한이 또 증거 하여 가로되 내가 보매 성령이 비둘기같이 하늘로서 내려와서 그의 위에 머물렀더라 나도 그를 알지 못하였으나 나를 보내어 물로 침례를 주라 하신 그이가 나에게 말씀하시되 성령이 내려서 누구 위에든지 머무는 것을 보거든 그가 곧 성령으로 침례를 주는 이인 줄 알라 하셨기에"(요 1:32, 33). 요한에게 물로 침례를 주라하신 분은 하나님이시다.

침례는 사람을 물속에 완전히 잠궈서 호흡을 하지 못하게 한 후에 물에서 올려서 다시 호흡하게 하는 예식이다. 호흡을 못하는 것이 죽은 사실을 표상하기 때문이다. 사람이 죽었다고 확정하는 것은 호흡이 완전히 끊어졌을 때이다. 그처럼 죄에 대하여 예수와 함께 완전히 죽었다는 것을 호흡을 못하는 것으로 표상하는 것이다. 그 후에 물에서 올리는 것은 부활을 표상하는 것이다. 이것은 죄인이 완전히 죽고 장사되어 없어졌다는 것을 표상하는 예식이다.

그런데 오늘날 교회들은 세례를 행한다. 용어가 세례든지 침례든지 하는 예식이 물속에 잠갔다가 올리는 것이면 상관이 없다. 그런데 세례나 또는 영세라고 하면 사람을 물속에 잠그지 않는다. 앉혀놓고 물을 아주 조금 머리에 붓는다. 그렇게 하는 동안 세례를 받는 사람은 여전히 호흡을 하고 있다.

그것은 죽는 것을 표상할 수 없다. 상징이기 때문에 의미만 알면 된다고 말하겠지만, 의미가 올바르게 드러나지 않는 것이다. 그런 형식의 세례는 사람이 죽지 않는다는 것을 믿는 것을 표상할 뿐이다. 그것은 근원이 결코 죽지 아니하리라고 한 사단의 말을 믿는다는 것을 증거 하는 표상일 뿐이다. 엄청나게 무서운 오류이다.

심판에 대한 이해를 올바르게 하면 성경의 하나님을 믿는 것은 바로 창조와 부활, 곧 생명의 하나님을 믿어야 한다는 것을 확실히 깨닫게 된다.

 정결하여진 진리의 중심에는 바로 성경의 하나님을 믿는 믿음은 성경의 하나님이 창조와 부활의 하나님이심을 믿어야 한다는 것을 밝혀놓은 것이다. 이것을 믿지 않는 것은 성경의 하나님을 전혀 믿지 않는 것이다.

 창조는 창세기 1장에 기록한 대로 오늘날과 같은 24시간을 하루로 한 6일 동안 창조하시고 제7일에 안식하셨다는 것을 믿는 것이다. 그래서 하나님은 제7일 안식일을 기억하여 거룩하게 지키라고 하신 것이다. 창세기 1장에 기록한 24시간을 하루로 한 엿새 동안 창조한 것을 믿지 않는 것은 성경의 하나님 여호와를 믿는 것이 아니다. 창조적 진화론이든지, 일반 진화론이든지 인정하고 믿는 것은 성경을 거짓으로 여기는 것이다. 그래서 제7일 안식일을 거룩하게 지키지 않으면 성경의 창조주 하나님을 믿지 않는 것이 되는 것이다.

 같은 이치로 영혼불멸설을 믿는 것도 부활과 생명의 하나님이신 성경의 하나님 여호와를 믿는 것이 아니다.

 오늘날 기독교는 이렇게 철저히 변질 되었다. 그것을 마지막 때가 되어서 봉해졌던 다니엘서가 개봉되어서 연구되고 깨달으면서 밝히게 된 것이다.

 우리는 이렇게 밝혀진 진리를 따라 올바른 성경적 신앙을 회복해야 할 것이다.

결어 : 기독교의 변질이라는 제목으로 꽤 긴 여행을 하였다. 성경의 하나님 여호와께서 인류에게 성경을 주시고 연구하고 깨달아서 성경의 하나님 여호와를 올바르게 믿어서 생명을 얻으라고 권고하신다. 그것이 바로 구원의 복음이다.

그런데 하나님을 대적하는 마귀가 태초부터 여호와 하나님의 말씀을 거짓으로 몰아붙이고, 기독교 안에 들어와서 교묘하게 성경을 곡해하게 하여 기독교를 변질시켰다.

그러나 이제는 변질된 진리가 무엇인지 밝혀졌다. 마지막 때가 되었고 봉함되었던 다니엘서가 개봉되면서 성소가 정결하여지는 일을 통하여 진리가 회복되게 된 것이다.

우리는 성경의 권고대로 이것이 그런가하여 날마다 성경을 상고하여 올바른 진리를 깨닫고 바른 신앙으로 영원한 나라에 들어갈 준비를 해야 할 것이다. 아멘.